促进亲子关系的心理学

家长阅读

Psychology of Enhancing Parent-Child Relationships

帅澜 / 著

十步重塑良好亲子关系

上海社会科学院出版社
SHANGHAI ACADEMY OF SOCIAL SCIENCES PRESS

图书在版编目(CIP)数据

促进亲子关系的心理学 / 帅澜著 . — 上海 ：上海社会科学院出版社，2024
 ISBN 978 – 7 – 5520 – 4234 – 4

Ⅰ.①促… Ⅱ.①帅… Ⅲ.①青少年教育—家庭教育—教育心理学 Ⅳ.①G782

中国国家版本馆 CIP 数据核字(2023)第 175861 号

促进亲子关系的心理学

著　　者：帅　澜
责任编辑：杜颖颖
封面设计：黄婧昉
出版发行：上海社会科学院出版社
　　　　　上海顺昌路 622 号　邮编 200025
　　　　　电话总机 021 – 63315947　销售热线 021 – 53063735
　　　　　http://www.sassp.cn　E-mail：sassp@sassp.cn
排　　版：南京展望文化发展有限公司
印　　刷：上海新文印刷厂有限公司
开　　本：890 毫米×1240 毫米　1/32
印　　张：7.375
字　　数：163 千
版　　次：2024 年 1 月第 1 版　2024 年 1 月第 1 次印刷

ISBN 978 – 7 – 5520 – 4234 – 4/G · 1273　定价：49.80 元(全两册)

版权所有　翻印必究

序

我国有近 1.5 亿青少年,他们不仅身体迅速发育,心理也发生着重大变化。青少年比儿童期更具有独立意识,但仍需要成年人的引导。处于青少年阶段时,家长在教养过程中更容易出现是"抓"还是"放"的困扰。此外,儿童期尚未处理好的一些问题包括注意力不集中、多动冲动、对抗发脾气等,可能会延续到青少年阶段,且出现新的困难,如情绪、社交、学业、亲子关系和电子产品使用等。这些问题亟待与精神医学和心理学工作者们共同努力去探索原因和寻求解决方案。因此,《中国儿童发展纲要(2021—2023年)》将增强儿童心理健康服务能力,提升儿童心理健康水平纳入主要目标。

帅澜博士是较早从事注意缺陷多动障碍(ADHD)医疗、教学和研究的众多有才华的年轻学者之一。她于 2004 年获得北京大学医疗系学士学位,因品学兼优被学校保送直博研究生,继续攻读博士学位。她博士阶段的研究课题为"注意缺陷多动障碍儿童的执行功能缺陷及矫正研究"。毕业后,她在上海交通大学医学院完成了临床医师规范化培训,此后继续从事儿童心理相关的医疗、教学和研究工作，进一步具备了丰富的临床经验和坚实的科研能力。尤其可贵的是，她多年来坚持执行功能评估及训练干预领域的探索，从学前到学龄，再到青少年乃至成人，积累了丰富的经验。

帅澜博士作为一名繁忙的临床医务工作者，仍能做到勤精不倦，一直保持学习和思考的态度，有较强的从临床工作中总结经验和从科研证据中寻找解决方案的能力，并由此再转化为科普知识。2020年，她将与学前和学龄儿童家庭工作的经验转化为《培养注意力的心理学》一书，得到了家长、老师以及众多业内人士的一致好评。

青少年群体面临更大的挑战。不仅因为注意缺陷多动障碍遭受执行功能损害，而且容易共患对立违抗障碍、手机/网络使用问题、焦虑抑郁等情绪问题，可能会明显地干扰青少年的日常学习、伙伴交往和亲子关系等诸多方面。家长朋友们内心可能会十分焦虑，无所适从，拿捏不好教养的度，为此会常常充满疑惑。

针对青少年这个群体的强烈需求，帅澜博士一如既往地为此倾注心血，结合自己的临床经验并参考国内外的研究进展，撰写了此书。这本书的特点在于：针对家长面临的教养困境，给出了清晰分明的步骤，调整亲子关系，并针对青少年期常见的问题模块提出了针对性的解决策略；针对青少年人群，给出了针对执行功能重要成分的训练指导，鼓励青少年尝试独立完成自我训练，自我促进执行功能发展。可以说这是一本适合青少年本人、家长和其他相关人员阅读，通俗易懂的优秀图书。而且书里对家长进行有效指导、对青少年进行执行功能自我训练，所采用的干预方法科学严谨、可操作性强。

我很乐意向青少年朋友及其家长，还有心理治疗师、康复治疗师、儿童精神科医生、中学教师等推荐这本书。期望它能够成为我国万千儿童青少年健康成长和家庭亲子和睦的有力支持，在我国儿童青少年心理学和精神病学发展中发挥其应有的作用。

北京大学第六医院

北京大学精神卫生研究所

卫生部精神卫生学重点实验室

国家精神疾病临床研究中心

王玉凤

2022 年 7 月

前　　言

《培养注意力的心理学》这本书在 2020 年底于上海社会科学院出版社出版后，获得了很多家长和同行的肯定和支持。

大家纷纷表示，内容很丰富，操作性很强，覆盖很全面。不少家长静下心来，慢慢读，细细学，时时练，都会取得很好的收效，尤其是适合 4—12 岁这个年龄段的儿童。即便有些对抗的孩子，家长若能按照亲子关系那章重建孩子的配合、调节心情那章改善孩子的情绪、行为塑造那章培养孩子的习惯，依然能受益匪浅。美中不足的是，有些技巧到了青少年阶段会显得有些力不从心。青少年的亲子教养，无可厚非，很难，但与此同时，很重要。

青少年阶段由于其独立意识更强，家长的教养之力似乎比儿童期薄弱了很多，其周围环境对青少年的影响不可小觑。但问题是，青少年主动选择一个怎样的伙伴和周遭环境，主动接触并吸收哪些媒体信息，取决于他自己，也取决于他在儿童期形成的那些行为情绪习惯。因此，我们一方面仍不能放弃教养的力量，另一方面也需要发挥青少年自己的能量，更好地帮助他们建立良好的行为习惯，培养情绪的调节能力，从而更好地自我发展，更好地适应社会。

这本书分为两个部分。

第一部分适合家长阅读,简单分析青少年亲子关系僵局产生的原因之后,分五个基础步骤,指导家长与青少年重建良好的合作关系,继而进行五个扩展步骤,帮助青少年培养学业、情绪、沟通、问题解决和认知调整的能力。

第二部分留给青少年自己阅读,指导青少年自我评定和自我训练执行功能。青少年和儿童最大的不同点在于,他们需要更多地为自己的行为负责,为自己的想法负责,为自己的能力负责。

本书的出版意味着"专静系列",无论家长教养指导,还是执行功能训练,覆盖年龄从 4—6 岁、7—12 岁,扩展到了 13—17 岁。之所以取名专静(Focalm),是词语专注(Focus)和平静(Calm)的结合体,即以提升专注与平静为己任。

这本书适合青少年家庭,尤其是正值青少年亲子关系僵化的家庭,也适用于遭遇注意力不集中、自控力欠佳、缺乏时间观念等问题困扰的青少年。

完成此书,特此:

首先郑重感谢我的恩师王玉凤教授,我研究生期间跟随王教授学习,养成了科学严谨的学习和科普作风,也具备了学习掌握新知识及创新开发新内容的能力。

感谢大卫·戴利(David Daley)教授,指引我在"新森林亲子教养"之路上不断前进，目前我已经获得治疗师认证资格，协助培训，下一步计划是成为中国的督导师和培训师。

感谢朋友王周烨、何山、江文菲、陆伟，以及各位对《培养注意力的心理学》大力支持的朋友，你们对我的肯定，使我拥有加倍的信心继续完成更多的科普工作。

感谢敬爱的父母帅安心和李姣春，亲爱的家人白佩佩和华生，你们给我的支持是我完成这项工作的基础，从而能够将这份关爱和帮助传递给更多的家庭和青少年。

感谢上海社会科学院出版社对儿童、青少年心理行为和家庭健康的关心，相继出版了这两本书，相信还有下一本，实际上，真的还有下一本，敬请期待。

上海交通大学医学院附属新华医院

北京大学医学部博士　帅澜

2021年11月

目 录

序 ······································ 王玉凤 1
前言 ·· 5

第一部分　十步重塑良好亲子关系(家长阅读)

第一章　准备开始 ······································ 3

第二章　五步基础 ······································ 23
　第一节　优质相处 ······································ 23
　第二节　有效指令 ······································ 33
　第三节　奖赏系统 ······································ 45
　第四节　惩罚系统 ······································ 59
　第五节　因果管理 ······································ 73

第三章　五步扩展 ······································ 83
　第一节　学业管理 ······································ 83
　第二节　情绪管理 ······································ 93
　第三节　沟通技巧 ······································ 98
　第四节　问题解决 ······································ 105
　第五节　调整认知 ······································ 115

第四章 培养独立 ······ 124
第一节 做个教练 ······ 124
第二节 帮助训练 ······ 127
第三节 判断动机 ······ 129
第四节 过渡转变 ······ 131

第二部分 十步自我训练执行功能（青少年阅读）

第五章 寻找动力 ······ 135

第六章 评估能力 ······ 138

第七章 训练能力 ······ 148
第一节 抑制能力 ······ 151
第二节 工作记忆 ······ 159
第三节 计划能力 ······ 164
第四节 任务启动 ······ 169
第五节 延长专注 ······ 174
第六节 时间管理 ······ 181
第七节 情绪调节 ······ 189
第八节 灵活适应 ······ 201
第九节 组织条理 ······ 206
第十节 反省认知 ······ 212

第八章 寻求帮助 ······ 216

参考资源 ······ 221

第一部分

十步重塑良好亲子关系
（家长阅读）

第一章
准备开始

《培养注意力的心理学》第一句话就是"知己知彼　百战百胜",鼓励各位先了解问题的本质和成因,再着手学习如何处理问题,可能事半功倍。但同时也想小小唱个反调,就是探寻问题本质和成因,程度适当即可,不必追根溯源,打破砂锅问到底。为什么呢? 一是很多问题的原因,现在并没有特别精确的答案;二是花了太多时间精力去探索原因,却不花时间精力去付诸在改善问题的行动上,有点舍本逐末。

在这本书之前,我们也需要先了解两个概念:青少年和逆反。

青少年(Adolescent)指童年和成年之间的时期。实际上很难给青少年的年龄范围下一个准确的定义,从不同的角度、不同的需求可以不同地去划分。

我国一般以 18 岁为界划分未成年人和成年人。青少年起始年龄划分大多从 14—15 岁开始,但也有按照年级来划分的习惯,即小学阶段为儿童期,初中和高中阶段为青少年期。

"专静"方案的年龄划分是学前(4—6 岁),学龄(7—11 岁),青少年(12—17 岁)。实际上交界处年龄的孩子,比如 11—12 岁,其适用的方法,可按照遭遇的问题和自身成熟的水平归属,并不一定要严格按照生理年龄划分。这也是为什么本书中可能会多次提及《培养注意力的心理学》里面的技巧策略,因为儿童青少年是延续发展的,帮助他们的方法也一脉相承。

逆反通常指按自己的意愿行事,不配合权威者(大人)对自己的要求和指示。这是个俗语,与之相关的是,青春叛逆期。

青春期阶段青少年独立意识和自我意识增强,不再愿意家长对待自己像对待"小孩"一样约束和指导,希望摆脱束缚,但由于青少年并未成年,并不具备真正意义上的独立生活和思考判断的能力,家长仍需管教,便产生了青少年叛逆的表现。

凡事都需要分度,任何年龄阶段,对于权威者的对立、反抗、不配合,过于明显,则不能仅用简单的逆反来解释,可能要警惕是否罹患对立违抗障碍(Oppositional Defiant Disorder, ODD)。

对于以下条目,如果您的孩子经常出现的话,则做一个记号。一般来说,一周出现一次,即为经常出现。

1. 经常发脾气,如尖叫、大哭、摔门、扔东西等。
2. 经常和大人顶嘴争吵,提高音量喊话。
3. 经常故意不服从大人的命令或要求。
4. 经常故意惹别人生气,例如恶作剧。
5. 在犯错误时经常指责别人,推卸责任。
6. 敏感,容易因为一些小事而感到生气。
7. 经常不满意,容易怨恨在心。
8. 经常怀恨或想报复别人。

如果您做出了3个记号,那么建议带孩子寻求专业人员的帮助,以判断孩子是否存在对立违抗障碍。

为什么有的青少年会出现更明显的对抗、逆反的表现呢？至少有四个主要因素参与其中：孩子特质、父母特质、教养方式、家庭压力。

一、孩子特质

每个孩子天生就不一样，有时候当家长追问"为什么孩子会变成这样，是他错了，还是我们错了"，我其实很想回答，追根溯源，错误也许在基因那里。实际上，除了孩子的天性很大一部分受天生基因的影响，孩子生活的环境，即父母提供的家庭教养方式，看上去是环境因素，但实际上也受父母的天性影响，而父母的天性，同样也与基因有关。

理解这一点，并非推卸自身的责任或者感到回天乏术的绝望，而是希望家长避免花费太多的精力去追根溯源，毕竟，很多精神心理问题的病因本质，是精神科学者们孜孜不倦试图攻克的难题。作为家长，应避免花费更多的精力去问"为什么"，而是该花费更多的精力去问"做什么"，以及真正付诸行动去"怎么做"。

有一种精神心理疾病，注意缺陷多动障碍（俗称"多动症"，英文缩写为ADHD）遗传度为70%左右。虽然ADHD本身并非表现为对抗，但因为ADHD孩子自控力受损，容易合并情绪失调，因此ADHD群体最常见的共患病之一就是ODD，两者可谓难兄难弟，相互煽风点火。需要注意的是，如果孩子被确诊为ADHD，以及其对抗等情绪问题达到一定程度，可能需要在儿童精神心理科专业医生的指导下采取药物干预。

我曾遇到过一个家庭。父母都是高级知识分子，温文尔雅，待人谦和,但孩子在很小的时候就呈现出了对抗、冷漠的特质,稍有不如愿的地方,就会凶狠地威胁或攻击,例如在超市被人撞了一下就说"我要放火烧了你全家",在幼儿园无故就拿铅笔尝试去戳邻座女孩的眼睛表示"觉得好玩"。当然,这是比较极端的例子。现实中,大多数孩子的天性并不会如此出格。但比如说,一些孩子天生情绪不太稳定,容易因小事而生气,行为自我约束力欠佳,攻击性比较强,缺乏同理同情心等,都会使得他们在成长的过程中更容易出现对立违抗。

孩子的天性和后天的环境实际上是相辅相成的。一个易怒、对抗的孩子,可能容易遭到环境中更多的阻碍、约束,于是孩子就可能更加生气、抗争。电影《哪吒之魔童降世》可谓把这个道理描述得非常形象。哪吒是魔丸,这代表天性欠佳,滋生很多坏行为的可能性。他越顽皮越造次,周围的人们越拒绝越抵触,于是他就更加生气,从而变本加厉呈现更多的坏行为。同样在这部电影中,哪吒之所以能"我命由我不由天",结局扭转的力量来源于哪儿?来自父母和良师益友对他的支持和帮助。

所以,一个个体的行为和发展,既决定于天生的基因特点,也决定于后天的环境因素。

二、父母特质

父母的特质不仅决定了会如何与孩子互动,即形成怎样的亲子关系,从教养模式层面决定了对青少年的对立违抗特质,是滋养还是削弱。教养方式会单独在下个因素分析,除此之外,父母的特质也会不遗余力地对青少年的行为和情绪模式贡献着力量,那就是,身教大于言传。

有句俗话说,孩子是家长的一面镜子,说的就是这个意思。父母如何对待别人,是尊重还是不屑?在遭遇挫折时,如何表达自己的情绪?是心平气和,还是火冒三丈?是平静交流,还是恶语相向?这些被孩子看在眼里,耳濡目染,也会转化为他们的行为模式。

我遇到过一个家庭在排队等候时被人插队,于是他们对插队的人和接待的人都发出了反复抱怨和怒吼攻击。你说他们有理吧?有,因为插队确实不对,但有理不代表需要用发怒攻击的方式来表达。事不关己的我当时提了句建议"孩子面前,我们示范心平气和地交流"。结果却引来了炮火,孩子的父亲吼道:"我们好好说有用吗?"孩子的母亲训斥:"这件事与你有关吗?我们孩子怎么管教要你插嘴!"我便闭声不吭了。后来得知,他们带孩子就诊的原因之一就是不听话,遇到不顺心就会生气哭闹,批评他从不接受,永远都能为自己找到各种理由借口。

我也遇到过另一个家庭,妈妈带孩子来测试,结果迟到了,被告知需要改天再做,孩子的妈妈觉得这一路舟车劳顿白费了时间,顿时就开始了哭诉进而发展为纠缠,反复表示"我这么不容易,你们为什么不通融"。当事人被吵得无可奈何,同样事不关己的我也提了句建议"孩子面前,我们示范心平气和地交流"。一开始这位妈妈也拒绝,表示"这跟孩子没关系",但我了解孩子情况后,解释"孩子因为遇到点挫折就会沮丧哭闹,纠缠不止,你不希望她如此,那么我们作为大人,先示范我们自己能做到",这位母亲很快就发生了转变,收起了哭诉纠缠的情绪,平平静静地与负责此事的人交流协商。事后这位妈妈专门找到我,补充道:"你这句话,让我有醍醐灌顶的感觉。"

我相信"身教大于言传"的道理,无须多言,大家都会认可。只是在事情发生的当下,总揣着"我有理"的原因而任由自己发泄了情绪。换个角度想,哪个青少年对立违抗是因为觉得自己"没有理"呢?他们都觉得自己"太有道理了",只不过你们不认可而已。退一万步,即便自己真的在理,比如插队的例子,也可以好好申诉,而非诉诸攻击对抗的方式。遇到不顺心、有挫折的事,不是不能有糟糕的情绪,而是想好如何用合适的方式表达这种糟糕的情绪。这是我们本书后面的内容中会涉及的需要教给青少年的情绪管理技能,就是所谓的情商,但这首先也应该是我们大人自我训练的技能。"己所不欲,勿施于人",如果我们大人自己都做不到,那么如何要求青少年做到?

我听过一个很形象的比喻,孩子成长的过程中,大脑是不断发展的,你可以把孩子的脑细胞想象成一群求知若渴的少年,睁大眼睛留心看到的一切,吸取这些知识。因此,如果大人嘴上教青少年"保持平静,良好沟通",但实际上展现给青少年的总是争论、抱怨、吵架、嘶吼,那么那些聚精会神求知若渴的脑细胞看到的、习得的,会是什么?答案显而易见。

三、教养方式

家庭教养方式对青少年行为的影响,相信大多数家长都是认可的。但究竟什么方式更容易导致对抗?这却是大多数家长感到迷茫的。

一个影响因素是父母教养方式不一致。有句俗话是"一个红脸一个白脸",似乎这样是最佳搭档,例如猫爸虎妈这种模式。家长觉得一个已经严管了,另一个就应该宠溺点,中和一下。实际上,长期的不一致的教养模式,不仅导致管不住,还会破坏成年人在青少年心中的权威感。

另一个影响因素是家长的长期争吵。有可能是父母之间的关系欠和睦,也有可能是父母对于教养方式的理念不一致,无论如何,成年人当着孩子的面剧烈争执,虽然自己觉得是在"据理力争",但实际上只会削弱你们双方在青少年眼中的权威感。

还有一个影响因素是唠叨。当青少年的独立自我碰上了家长的碎碎念管理,就特别容易滋生对立违抗和情绪爆发。唠叨本身就挺让人厌烦的,而如果这些唠叨的内容都是负面的,就更容易让人生气和抵触了。

最后需要提及的影响因素是漠不关心,当然现在这个社会很少会有对孩子生活完全漠不关心的家长,相反通常会过度满足。然而随着年龄增长,青少年对情感的需求越来越多,而一个对抗的亲子关系反而更难满足情感需求。久而久之,家长也是人,也会累,可能就会漠视青少年的情感需求。

我记得有个妈妈带青少年来就诊,青少年在诊室里哭得泣不成声,但确实她也说不出有什么具体难过的事情,后来妈妈就说:"我什么都满足你了,你有什么可不开心的?你自己回家就知道抱着个手机玩,让你学习你也不学,我现在都不管你学习了,你还跟外人抱怨我对你不好,真是养了个白眼狼。"实际上青少年并不会因为家长的过度满足和一味迁就而感到开心,当他们没有形成良好的行为和情绪习惯的时候,不仅在家庭环境里亲子关系紧张,并且在社会环境下,比如学校学习和同伴相处,仍会举步维艰,四处碰壁,反而遭遇更多的不开心。

四、家庭压力

家庭遭遇的压力最直观的就是父母自己的压力,经济、人际和时间压力。现代家庭缺乏亲友支持,老人可能是生活照顾方面的"神助攻",但也可能是亲子关系方面的"猪队友"。家长需要兼顾工作和教养,自己也想娱乐放松。因此家长需要处理好自己的压力,合理安排自己的时间,掌握更有效的亲子方式,才能事半功倍,从容应对。

除了父母本身的压力之外,整个社会其实也对每一个家庭起着不容小觑的作用,这里只想提两个我认为很重要的因素:电子产品的使用和娱乐至上的风气。

我 2021 年在《全球化与健康》杂志(*Globalization and Health*)上发表了一篇文章,阐述了电子产品使用过多的儿童和青少年容易出现更严重的注意力问题,存在更多的焦虑、抑郁等负性情绪感受,家庭环境更差,压力负担更重,学习动机更弱。虽然并不能说明电子产品是罪魁祸首,但是至少能说明电子产品在儿童和青少年厌学的过程中扮演了举足轻重的作用。网络上的内容可能增加不合理不现实的预期,使青少年习得冲突攻击、暴力言行的方式。因此家长需要提高意识,管理好电子产品的使用。具体管理方法请参考《培养注意力的心理学》第二章第七节"黑镜"。

娱乐至上的氛围是如何影响青少年对立违抗行为的呢？娱乐至上熏陶着一种"躺赢"的捷径感。在物质极大丰富的年代，孩子通常是过度躺平满足的。这种情况下，青少年很难培养出一个逻辑，就是"我想要什么，得努力去挣"。相应地，现在很多青少年的逻辑是"我想要什么，跟家长要"，以及"如果不给是家长不对，我就闹"。

所以，家长埋怨青少年不懂感恩、不懂努力的时候，要想想看，我们除了说道理之外，有没有通过实际的举动让他们明白，只有努力才能得到想要的东西呢？以及我们有没有身体力行去示范，劳动和努力是光荣的呢？有时候，家长劝孩子学习是"为了找个好工作"，请问"好工作"的定义是什么？我曾经在一个家长群里问过这个问题，大多家长的回应是"不那么累的工作"或者"赚钱轻松一些的工作"。所以，我们劝青少年努力的理由是，你将来可以不用努力？那么青少年觉得，我现在躺平不努力，岂不是更快更好？

我曾遇到过一个不上学的青少年，直言不讳地说："干吗要上学？干吗要工作？他们（指向父母）敢不养我吗？"在场的父母语塞，他们确实，不敢不养孩子，哪怕已经成年。很多父母，甚至不敢不满足孩子的需求。好吃的，好玩的，只要对方开口，就全都奉上。给不起或者给了明知道会害孩子，也要给。因为"不给不行，不给他闹"。所以，在这个逻辑下，青少年为何要听话？听话了，要努力，要付出；相反，发个脾气，闹一闹，就什么都有了。有家长说，这三观不就走偏了吗？是的，没错，所以家长会发现，我在稍后介绍的具体准备工作中，就包括陪伴青少年重塑一些重要的价值观。

探讨原因之后,希望家长振奋精神,将更多的精力放在行动上。在第一步的准备工作中,有三件事需要交代给家长,即"两弃一捡":丢弃标签和刻板印象,抛弃唠叨和威逼利诱,捡起重塑重要价值观。这三件事,尤其最后一件,是很难一蹴而就的。因此,需要家长在整个亲子互动过程中都尽量将"两弃一捡"保持在脑海中。建议可以做成一个小卡片,放在自己的写字台上,时不时就能提醒自己。

第一件事:丢弃标签和刻板印象。

避免将青少年的不听话轻易定义为逆反对抗,停止对他们的行为贴标签。例如很多遭遇孩子不听话的家长都会发出灵魂拷问:"这是青春期逆反吗?"有时候问这个问题的家长,其孩子才五六岁。

从孩子的角度尝试去分析一下,他不配合、不服从大人指令的原因是什么。实际上,每一个行为几乎都有它存在的功能和意义。大多数情况下,青少年的拒绝配合,都有一定概率迫使大人妥协,从而满足自己的心意。比如"我就不写作业",这个对抗行为的结果可能就是,他真的能逃掉作业。也有可能,惹恼挑衅大人,在孩子眼里有一定的挑战权威的成就感。

停止抱怨,更多地去思考如何解决问题,以及付诸行动去尝试改善现状。问题,抱怨一千遍,仍然是问题,不会变化,除非我们产生变化。虽然青少年相比儿童,更需要为他们自己的言行负责,但他们仍未成年,而我们作为成年人,仍需要肩负更多的责任,率先做出改变。

避免贴标签,丢弃刻板印象,还有一个重要的功能是避免我们自己产生自动化思维,从而激发不必要的负性情绪。就算孩子确实总在完成作业这件事上拒绝配合,如果今天孩子没主动写作业,我们立即根据以前的刻板印象开始贴标签"他从来都不主动写作业,他就是不用功,他一直就这么懒",这会让我们感到非常失望和气愤,于是我们很可能开口训斥,而我们一旦训话,青少年可能更加容易抵触,要么无声抵抗,拒绝动笔,要么直接顶嘴,发生争吵。而如果我们只就事论事,当下的具体行为是"他现在还没开始写作业",那么就能够温和而坚定地给予恰当指令"你需要开始写作业"。也许一开始并不管用,但至少我们大人示范了情绪平稳。更何况,在刻板印象下的训斥咆哮也不管用,反而会让情况更糟。

除此之外,刻板印象也会让我们很难注意到青少年的变化和改善,从而错过他们的某些努力和进步。一旦我们没有留意到那些努力和进步,就会忘了给予他们正反馈,而一旦缺乏正反馈,青少年就很容易缺乏进一步的动力去更努力、更进步。

如何避免刻板印象?记得针对具体行为就事论事,避免下结论贴标签。即使不满,尽量说出具体行为,如"你没有写作业"而不是"你怎么这么懒","你只端了自己的碗筷就开始吃饭"而不是"你怎么这么自私"。

第二件事:抛弃唠叨和威逼利诱。

儿童期家长可能依靠碎碎念唠叨,或者威逼利诱,能促使孩子按照成人的想法做事。然而青少年家长需要改变的一个观念是,现在唠叨说教和威逼利诱已经不可行了。

要知道,很少有孩子是真的因为不懂而不配合,所以儿童期的唠叨说理,大多数情况下是孩子出于害怕和厌烦,不得已而配合。

然而青少年已经不再害怕了,他们可以塞起耳机不听,也可以你说一句他顶十句,甚至可能咆哮"你别再啰唆了"来终止唠叨。

儿童期家长如果习惯用好处诱惑孩子就范,到了青少年也很难维持下去。毕竟胃口是会越来越大的。家长发现会越来越难让孩子满足,况且孩子"好处"都拿到手了,干吗还要配合你?

如何抛弃唠叨和威逼利诱呢?家长需要调整的心态是,未必事事都需要青少年配合自己的想法。青春期孩子毕竟有些价值观和家长不一样,非原则性的方面可能需要家长放弃或者协商,只需要保证原则性的、重要的价值观即可,否则眉毛胡子一把抓,最后容易什么都没抓到。

哪些是原则性的要求?一般涉及安全的,如不攻击威胁、不毁物伤人等;涉及基本规则的,如按时上学、按时完成作业等;还有一些社会公认的重要习惯,如尊重他人等。

很多时候家长在给青少年制定要求时,自己会先陷入左右摇摆的困境。不管吧,觉得孩子哪哪都没做好;管吧,又总被青少年应该有一定的独立、自由洗脑而放弃。实际上,这两者并不矛盾,毕竟,成年人也不是绝对自由,仍然受大到国家、小到单位的各种规章制度约束,更何况是青少年。

青少年的自由,比如自由外出、自由和同学相聚、自由使用电子产品,这些权限并非他们说了就必须得给的。一方面需要由他们自己的良好表现逐渐争取,另一方面也是由自己自控力的表现逐渐证明自己。如果太早给予太多自由,那么反而促使危险度上升。因此,根据青少年目前的表现,给予适当的自由权限。家长仍然需要了解孩子的行踪,电子产品的使用内容,并非为了窥探隐私,只是确保安全。

第三件事:捡起重塑重要价值观。

这是一个很俗套的话题,但却很重要。不仅是帮助青少年重拾重要的价值观,对于一些家长而言,也需要重新审视和塑造这些价值观。有助于促进青春期亲子关系的关键价值观,主要提两个:劳动和爱。

劳动很重要。当下很多青少年,不仅青少年,包括年轻人,都不再考虑"我能为家庭做些什么",而是"家庭能给我什么"。按理说,作为青春期的孩子,需要开始为家庭做贡献,而不是一味索取。因此,家长需要以身作则传递这个价值观,劳动很重要。这里的劳动包括的元素很广,成年人的工作、儿童青少年的学习、家庭的家务、业余时间的兼职工作或学习,都很重要。

需要让青少年明白的是,他的娱乐是由劳动付出来挣取的,同理,他的自由权限也是由遵守规则来挣取的。天上不会掉馅饼,这是社会规则,青少年也需要知道,他从家庭里索取的特权和自由,并非平白无故与生俱来的。如果儿童期家长总是无条件满足孩子各种要求的话,可能进入青春期就会导致这方面的麻烦。

避免娱乐至死的氛围。我们很难改变整个社会的风气,至少我们努力把握好家庭的氛围。如果作为大人,总是羡慕不劳而获,总是推搡家务,总是抱怨工作付出,总是为偷懒自鸣得意,这就很难说服孩子付出努力去学习。很多家长说服孩子现在辛苦学习的理由是,将来可以工作轻松不费力。这就是个悖论。青少年会想,为什么要将来轻松?还不如现在轻松。贪图享乐、不劳而获的价值观根深蒂固时,令人不寒而栗。

当然，恰当的娱乐放松也是重要的。虽然付出努力很重要，但避免为了达成某个结果（成绩）而过分内卷。家长既要教会孩子付出努力，也要教会孩子适当放松。什么是适当放松？家长首先自己要会放松，然后通过陪伴孩子一起进行恰当的娱乐放松活动，自然就能传递给孩子。陪伴不仅改善亲子关系，高质量的陪伴能够引导孩子学会更多有建设性的放松方式。家长需要时常探索和寻找适合自己和孩子的娱乐活动。

最后，爱同样重要，教会孩子尊重人，爱人。解决孩子的问题，而非解决问题孩子。爱孩子这个人，但是不欢迎不可爱的行为。爱是基础，但不是全部。在某些时候，需要坚定说"不"，此刻也许你不被孩子爱，但这或许才是你真正爱孩子的行为。而在某些时候，需要放弃自己认为是爱的行为，才是长期的爱。

学会区分盲目的爱和有益的爱。盲目的爱，是不分青红皂白，全盘接受孩子的任何行为，以及不敢实施教养。尤其是青少年面对家长的管教，可能不开心，也可能会逆反挑衅，家长为了规避当下这些负性互动，而选择妥协包容。这反而使得青少年的行为将来给自己带来更多麻烦，难以获得将来更多的爱。有益的爱，是你带着对孩子的爱和尊重，去实施正确的策略，帮助孩子养成更好的习惯，将来生活得更轻松更开心，收获更多的爱。

本步骤作业1：青少年行为抽屉

回想下你与孩子互动的过程中，哪些事情可以"同意"，甚至"热烈同意"，值得鼓励。这里面可能包括一些你之前会认为是理所当然的行为，而忘记了关注和给予正反馈。

哪些事情坚决"不同意"，注意是坚决不能同意，不可妥协的事情，因此一般与安全相关，如人身攻击、离家出走或夜不归宿、接触烟酒毒品等，以及与原则规则有关，如拒绝作业、不撒谎、过分沉迷电子产品等。

哪些事情是你希望孩子做到，但也能"协商"的。如果应该是坚决"不同意"的事情，你放在了这个类别，那么当孩子做出一些危害安全、健康和长期发展的事情，你将特别被动，且无能为力。例如攻击他人，玩手机而不写作业，拒绝上学等。相反，如果可以"协商"的事情，你放在了坚决"不同意"的类别，比如作业字迹潦草、坐姿不端正、在家赤脚不穿鞋等，那么事无巨细地限制约束，很容易引发争执对抗，破坏亲子关系。

将这三类行为想象成三个抽屉，然后根据自家青少年目前的行为特点，分别放入三个抽屉中。分配好了之后，家长自己要保持坚定不动摇。

将坚决"不同意"抽屉里的行为写入家庭规则，也可以从"协商"抽屉里挑出数个行为目标，总计只能5个以内。困扰的问题可能很多，但需要锁定当前最困扰的问题，或者最核心的问题。

对于"不同意"抽屉里的行为，如果妥协了，记录下来不能坚持的原因。对于可以"协商"的行为，最终效果如何，有哪些协商的困难，也要记录下来。对于"同意"的好行为，记得给予正反馈，记录下来自己给予正反馈的情况和困惑。

青少年行为抽屉

将青少年的行为，分别放入以下三个抽屉

☺ "同意"的好行为，希望常常出现的行为	记录正反馈的情况和困惑
☺☹ 可"协商"的行为	记录协商的最终效果和困难
☹ 坚决"不同意"的行为，与安全和规则相关	记录未能坚持的原因

本步骤作业 2：家庭规则

全家大人和青少年一起召开家庭会议，制定家规。

（1）每个人写出 3—5 条自己愿意也希望他人配合/遵守的家庭规则；

（2）规则是正性的、具体的、友善的，重要的是，促进家庭和谐，生活顺畅；

（3）将大家的规则放在一起，挨个讨论，制定出总的家规，签字，张贴出来。

父母可以在之前的青少年行为抽屉环节里，每人挑 1—3 个行为目标；允许孩子提出一些家规的建议，只要是符合第二条要求的；有些家规可全家人一起遵守，如礼貌用语、收拾好个人物品等，避免家长特殊化，否则需要没完没了的争执和协调。

需要注意的是，规则的表达也有讲究，应该明确具体可操作，具备可考察的客观指标，要求符合青少年当前的现实水平，大多数情况下家长可以有办法监管目标到底是否达成等。具体细节可以回顾《培养注意力的心理学》第三章第三节关于目标制定的详述。

专小静家的家庭规则

★ 小静晚上想出门的话，必须提前协商，且当天学校功课必须提前完成 ★

★ 进入他人房间时需要敲门并等待同意进入，无特殊情况不反锁门 ★

★ 上学日门禁时间是晚上 8 点；周末门禁时间是晚上 9 点半 ★

★ 晚上手机离开卧室放在客厅的时间，小静 10 点，父母 11 点 ★

★ 如果哪里弄乱了，那么请自己收拾干净 ★

家庭成员签字：专爸爸　静妈妈　专小静

_____家的家庭规则

★ _____ ★

★ _____ ★

★ _____ ★

★ _____ ★

★ _____ ★

★ _____ ★

★ _____ ★

★ _____ ★

★ _____ ★

★ _____ ★

★ _____ ★

家庭成员签字：_____

本步骤作业3：家规坚持情况记录

本周内，当孩子违反规则时，如果有安全健康隐患，那么予以提醒和干涉。如果在此过程中产生了冲突，记录冲突的细节，尝试总结归纳每次冲突的特点和模式，并且尝试自我反省，丢弃对孩子的标签化和刻板印象。

请在1—2周内完成上述任务和练习，做好准备，再进入下一章。下一章的每个步骤，同样需要1—2周来完成任务和练习，因为挑战的也是家长一贯以来与孩子相处的习惯模式，给自己一点时间，调整自己看待和对待青少年的方式，从而收获青少年行为模式的改变。可以尝试和青少年同步启动各自部分的练习，有时你们的任务会有惊喜的重合。

切忌操之过急。如果只是停留在阅读，而没有付诸行动，你会发现很难产生任何改变。变化不会"忽如一夜春风来，千树万树梨花开"。变化只会经历一番寒彻骨，才得梅花扑鼻香。因此需要保持耐心，付诸行动，完成练习和任务的过程就是逐渐调整我们心态和方法的过程，帮助我们收获改变的过程。

家规执行情况记录

如果产生了冲突和困难,记录下来,尝试总结规律和模式。

1. 近期是否一直坚持这个规则要求?还是有时候自己忙了累了就忘了妥协了?

2. 你提要求的口气是怎样的?(客观,可能需要旁人评价或录像后自我评价)

3. 如果未能保持平静,孩子现在让你恼火的行为是什么?

4. 你恼火的时候想到了什么?除了事情本身,你还想到了什么?

5. 然而事实本身(可以客观证明的事实本身)是什么?

6. 如果可以重来,你觉得可以做些什么改善这次冲突?(并非指一味妥协,而是有无更好的方法来解决这个问题)

7. 即便是在冲突中,孩子有没某些积极的行为表现?

8. 在这个规则要求上,近期有没有孩子做得好的时候?

9. 孩子做得好的时候,你是如何表现的,如何反馈给孩子的?

第二章
五步基础

基础部分,旨在捋顺亲子关系,重新塑造家长和青少年之间相互配合的相处模式,包括五个步骤:优质相处、有效指令、奖赏系统、惩罚系统和因果管理。

第一节 优质相处

所谓优质相处,是指家长有意与青少年建立一对一的优质相处时间。

优质相处是修复亲子关系非常重要的练习。平时家长和青少年的相处,很容易游走在两个极端,一种极端是家长要求什么,青少年不乐意从而严词拒绝,家长觉得威严扫地,对青少年各种训斥叫嚣,两败俱伤;另一种极端是青少年随心所欲想干什么就干什么,家长不能问也不敢问,任由其自在,表面和气,内心充满不满或担忧。

因此,建议家长要专门练习和青少年进行优质相处,通过设置合理的、仪式化的练习,一方面可以让家长去感受和青少年相处的正性的一面，另一方面也让青少年逐渐适应与家长和平、合作的相处方式。

明白了优质相处的重要性之后，就开始学习掌握实施的具体细节。

优质相处建议的练习频率是每周 3—5 次，每次至少 15 分钟。

优质相处的核心是指这段时间由青少年引导为主，家长"不带评价"。

1. 孩子引导

让青少年挑选他感兴趣的活动，当然前提是合理的、无危害的、不过分昂贵的。

有可能青少年会对你的热情感到惊讶，但能欣然接受。也有可能青少年因为不习惯而表示抗拒，这时你可以尝试加入他们正在做的事情中，比如画画、做手工、看电视等。可以让青少年教你怎么做，跟你科普下网络热梗，从而尝试加入其中。如果青少年仍然拒绝你的加盟，那么待在他们周围即可，时不时说一些积极的话。

有的家长可能会说，孩子仍然会坚持拒绝自己加入，甚至不愿自己待在他们身边。造成这种情况的原因很可能是，青少年对于以前和家长相处的印象太糟糕了，可能觉得家长总是刺探隐私、品头论足、指点江山。家长不一定是有意的，但青少年确实会觉得不舒服。

所以，下面几个要点在练习优质相处时非常重要。

2. 不带评价

在这个短暂的时间内，避免对孩子评头论足，如"你坐直一点"

"总低着头看手机对颈椎不好""这个视频不好笑,太低俗了,没有意义"等。

记住,不要指导,不要纠正,不要评价。全身心接纳和观察孩子当下的活动。如果你想发表意见或发起沟通,确保出于善意而非诘难。例如,你可以真心询问"这个画的是什么?"表示好奇,而非批判"你画的跟三年级小学生似的"或者质问"你浪费这么多时间画画"。例如你可以真心询问"YYDS 是指什么?"以示好奇,而非批判"为什么要缩写'永远的神',这有什么意义"或者质问"学这个词又不能帮你写好作文"。

优质相处并非给家长机会去教导青少年,而是只需要家长留出这么 15 分钟的时间,与青少年好好相处,从而促进其他时间的教导有个更好的关系基础。因此,请用好这 15 分钟,用积极的眼光去看待每一个细节。告诉自己,孩子已经长得这么大了,拥有这个孩子是多么棒的一件事,看见孩子的笑容是多么美好,我可以和孩子一起相处是多轻松愉悦。

3. 避免指导

如果青少年选择了与你闲聊,那么真是太好了。以聆听为主,避免急于给予指导。可以想象自己做一个好的相声捧哏,"嗯啊这是,原来如此"八字箴言。甚至也可以尝试不说话,此处无声胜有声,但要给予注视,轻轻拍拍孩子的肩膀或者捏捏他的手臂,这些非言语动作传递了亲密。

很多家长会遭遇青春期"孩子不理我",原因可能就在于,家长会利用聊天的机会刺探孩子的隐私,或者总是忍不住指导孩子该怎么做,或者很快就给孩子一顿批评教育。你并非真的关心听到了什么,你只是急于将自己的想法加到孩子身上,那么很快,你就会加入"孩子不理我"的家长联盟。

停止考虑自己希望孩子做什么,关注孩子当时在说什么。如果不习惯,那么请在一开始和配偶进行角色扮演。

4. 忽略瑕疵

在优质相处的 15 分钟里,如果并非不可容忍的原则性坏行为,那么暂且放下。学会在优质相处的时间段里,忽视孩子那些非原则性的你不喜欢的糟糕表现。随着慢慢的学习和练习,你会不断取得新的进展,这时可以将积极忽视的策略扩展到更多的时间。

这就意味着,优质相处的时间里尽量避免可能引发你和孩子激烈冲突的事情,例如玩电子游戏。如果出现小的冲突,那么转过身,拉开一定距离,待双方平静后继续重拾优质相处。如果冲突升级,那么暂停优质相处。

5. 提前计划

如果缺乏计划,那么很可能会让优质相处的尝试遭遇滑铁卢。优质相处后,家长和孩子双方可能会保持很长一段时间的好心情,从而使孩子的配合度增加许多。因此,可以挑你和孩子需要长时间相处以从事某个任务的一开始(例如作业之前),进行优质相处。

家长需要做好时间计划,虽然只有 15 分钟,但大人有工作,青少年有作业,具体安排在一天当中的什么时候,具体做什么,都需要提前安排一下。虽然青少年主导活动,但是家长需要考虑是否"合理"。想想看,青少年在什么情况下是最卸下防备的,最容易成功地让家长接近从而启动优质相处。这些问题需要提前计划好。

6. 化整为零

如果在初期，青少年表现得非常抗拒，不愿意配合优质相处，那么就别盯着15分钟，而是尽可能抓住机会去实施哪怕1—2分钟的优质相处。只要是不带评价地关注接纳孩子当下的活动表现，尽可能发现积极的一面，给予积极的反馈，那就是优质相处。可以留心孩子"被迫"和你相处的时间，比如开车接送他们踢球的路上，尝试看看能否启动优质相处。

为了更好地帮助家长与青少年完成优质相处，需要特别提出社会奖赏这个技巧。社会奖赏是正反馈的重要方式之一，也就是表扬、夸奖、称赞的意思。《培养注意力的心理学》第三章"有效方法　塑造行为"中将社会奖赏列为最关键的技巧，且在第二节有对其细节的阐述。除此之外，家长在与青少年相处的过程中，还需要留心以下细节，以增进收效。

1. 内容具体

泛泛而夸意义不大，因此需要夸奖具体的内容。要让青少年知道他具体做了些什么，让自己得到了认可和赞赏，是大人希望和喜欢看到的。不一定要格外地好，只要是平常的好行为，哪怕只是可接受的行为，都值得肯定。

很多时候，家长会认为这是青少年理所当然该做到的行为，比如大人说话时他没有插嘴，主动擦了桌上的水渍等，实际上就算是他们这个年龄的孩子理所应当做到的，也仍然值得我们大人的感谢和夸赞，尤其当青少年配合了家长的指令，请记得即刻称赞他们的配合。

2. 态度真诚

夸奖青少年的时候能情绪饱满、态度热忱当然更好，可能有的家长觉得自己年龄大了，难以如此"戏精"，那至少请保持态度真诚。青少年大了，能听出话外音，能通过你的表情、语气等感受到你的真实情绪。有时候家长也未必不真诚，只是长年累月的表达方式养成了习惯，难以真诚地、直接地去夸赞对方。如果觉得发自内心地称赞孩子比较困难，那么先和配偶练习一下。

赞赏的时候就是纯粹的赞赏，避免先扬后抑，如"今天虽然作业按时写了，但字迹也太潦草了吧"；避免出现讽刺的口吻，如"你居然在写作业？太阳从西边出来了"；避免追加更多要求，如"今天作业完成得很好，看来你能做到的，争取以后每天都做到"；避免翻陈年旧账，如"你明明能按时写完的，为什么之前就总是跟我搞，不好好写呢？"

3. 制造机会

没有机会也要制造机会表扬青少年。有的家长和青少年的关系已经比较僵化，比如相处时青少年几乎下意识就说"不"，对家长的指令对抗拒绝，让家长难以抓住好时刻给予表扬。这种情况下，家长需要尝试一些青少年不太会拒绝的指令，并在他配合完成了之后给予赞赏和感谢。

哪些指令青少年不太会拒绝？开动脑筋想一下。当家长要求"放下手机做作业"时，青少年多半会心不甘情不愿。但如果你说"冰箱里有水果酸奶，拿出来咱俩一人一杯吧"，估计很少会有人拒绝。或者餐桌上,不经意地指着远处的辣椒酱说"帮妈妈拿一下那瓶辣椒酱呗",再犟的青少年也不太会拒绝如此举手之劳的事情。

因此,尝试从那些简单的、不麻烦的、青少年不会拒绝的指令开始,当对方配合你的指令,你积极地表扬感谢他之后,逐渐地,青少年就在合作和被表扬之间建立了联系,从而更自然而然地愿意配合大人的指令。

4. 坚持不懈

所谓坚持不懈,这里的时间请以年为单位计算。不少家长会说"我做了没效果",以及认为坚持1个月就是"坚持很久了"。请抛弃网传的"21天养成一个好习惯"的洗脑,一个新行为逐渐稳固下来变成习惯需要坚持3个月,而家长教养行为的变化转化成孩子行为的变化,还需要更长的时间。因此,请坚持不懈,不要因为短期没看到你想要的惊喜效果而放弃。

还有一点需要强调的是,如果你从孩子小时候开始,就不太注意给予积极反馈的话,那么当你尝试表扬感谢青少年时,对方可能会不习惯,嗤之以鼻,甚至讽刺挖苦。首先请确保你的态度是真诚的,然后请坚持下去,最后请确保家里大人保持一致。

5. 情绪银行

想象青少年持有一个情绪银行,如果这个银行正性情绪很多,那么即便遭遇一些负面的糟糕的挫折,他们也能以更平静的情绪面对。如何保证这个银行里是正值呢?家长就需要不断往这个情绪银行里存入积极评价。如果亲子关系之前比较僵化,那么相当于情绪银行负债累累,就需要存款一段时间才能转负为正。

通常来说,如果你每天坚持尝试优质相处和正性反馈,一般两周左右,就会看到积极的改变。

本步骤作业 1：优质相处记录单

每周至少 3 次，每次 15 分钟，尝试与孩子优质相处。记录下来具体是星期几的几点到几点，具体参与了孩子的什么活动？自己的感受是什么？观察到孩子的反应是什么？关于这个过程中任何顺利的或困难的方面，都可以记录下来，与配偶讨论。

本步骤作业 2：优势清单

可以和配偶一起讨论，寻找青少年的优势。这有助于家长用更正性的眼光看待青少年，也有利于家长在平时能更好地启动社会奖赏，对于以前认为理所当然的一些表现，能更积极地看待，从而夸奖青少年的表现。

可以从以下一些方面去完成优势清单，比如青少年擅长的兴趣爱好、体育项目、娱乐活动，相对擅长的科目及其他智力类活动，人际交往中表现相对好的地方。以及想想看，孩子长大后可能在哪个方面获得成功？如果有需要的话，将来家长可以在哪些方面依靠孩子？

优质相处记录单

最有可能实施优质相处的时间点是什么时候：_____ 到 _____（15分钟）

优质相处原则：1. 孩子引导；2. 不带评价；3. 避免指导；4. 忽略瑕疵

星期	时间	进行的活动	你的感受	孩子的反应	其他

优 势 清 单

我的孩子，在以下方面存在一些优势。

擅长的兴趣爱好：_____

擅长的体育项目：_____

擅长的娱乐活动：_____

相对擅长的科目：_____

社交中好的方面：_____

将来也许成功的方面：_____

我可能依赖他/她的方面：_____

第二节　有效指令

首先说明一下配合指令的定义和重要性。

家长在需要青少年配合指令这件事上,有时候自己也很纠结。有时候觉得"不能太霸道,也要尊重孩子,不需要孩子言听计从",有时候又会因为"孩子不听话,气得我吐血"。虽然青春期孩子开始独立了,但配合指令同样是很重要的。配合这个词的英文是compliance,原意是顺从、服从,但是我会更多地选择用"配合"这个词,原因是顺从、服从这两个词,会很容易把我们带回传统的家长专制观点中。

诚然,家长专制的模式不合适,但似乎抵抗专制的观念使不少家长走入了另一个极端,觉得顺从和服从就磨灭了孩子的天性。并非如此,家长请思考下,你们有完全真正自由的时候吗？我们每个人都是受当前情境下的各种规则约束的,我们需要有配合各种规矩条例的态度。俗话说,国有国法,家有家规,就是这个意思。如果养育孩子的时候,让他们养成了自我中心、自以为是的习惯,那么等他进入社会环境,遭遇各个环境下的规则后,就会处处碰壁,适应困难。

青少年如果习惯于不配合大人的指令,会容易陷入以下困境：

1. 实际阻碍了自己的发展：青春期的孩子仍然是孩子,仍然需要从大人那里继续学习各方面的知识和技巧,总是处于对抗和挑衅的状态，很难学到新东西，从而阻碍了自己的发展。

2. 实际阻碍了愿望的达成：不配合的青少年习惯于纠结指令的细节，各种挑刺。他们习惯于质问"为什么/凭什么"而非"我该怎么做"，反而阻碍了他们通过努力达成愿望，或者习得新技能的途径。实际上，有些"为什么/凭什么"的问题是不合适的，也不需要大人一一回答。比如"为什么我就得去倒垃圾""凭什么我只能玩半个小时手机"等。

3. 有潜在的心理健康危机：不配合权威者的指令，回避自己应该承担的责任，加上容易因小事而发脾气，意味着反社会特质。小时候是挑衅家长的权威，长大了挑衅老师、领导等管理者，逐渐地视规则为无物，就不再只是个礼貌问题，而是发展为品行问题。改变反社会特质发展轨迹的核心就是，让孩子明白某种程度的服从是被期待的表现。即便是成年人，也并非绝对自由，我们都需要学会服从一定的规则和要求。

尊重孩子的独立，不等于孩子可以肆无忌惮地不配合。当然，配合指令，也不代表孩子需要对家长百依百顺。大人需要明白，何时要求孩子配合，何时尊重孩子的独立。实际上有个简单的参考方法，即在准备阶段做的家庭规则，家规之内的内容，就是需要配合的，家规以外的内容，可以协商或允许不配合。

配合指令具体体现在三个方面：及时回应、表现合作、自觉遵守。当然对于指令配合的程度，大人也需要建立合理的预期。

及时回应的合理预期一般指 10—15 秒内响应并起身去执行，而无须秒回、秒答、秒配合。表现合作的合理预期指能配合

50%—60%的指令,既往调查研究显示对指令的配合比例就是如此,并非百依百顺,也并非置若罔闻。当然以上均指第一次给指令后的反应。待孩子假以时日坚持在某个指令上做到了以上两项后,才有可能变成他的习惯从而自觉遵守。自觉是习惯,发自内心的愿望,而非依靠外力唠叨、督促和逼迫能达成的。

需要提出两种特殊情况。一种是青少年行动上在配合指令,但同时嘴上却不服和抱怨,比如一边抱怨"成天就知道催我写作业,没意思,烦死了",但一边坐在写字台前开始摊开作业本,这种情况仍可视为配合。确实没人愿意听满腹牢骚,但如果这时候跟青少年争辩,希望对方心悦诚服地写作业,那么双方反而会陷入争论,引发不满情绪,最终使得青少年在行为层面也对抗拒绝。

另一种情况就是遭遇真正的对抗行为。当家长遭遇青少年对抗时,如果放弃要求的话,可能30秒就能解决问题。但如果家长坚持的话,可能30分钟,甚至3个小时还僵持不下。短期效益面前,家长确实很容易放弃,因为家长也缺乏时间和精力。但久而久之,反而助长了孩子对抗的习惯。

在明白了青少年配合指令的重要性,以及如何持有对青少年配合指令的合理预期后,我们来探讨一下,如何给出有效的指令来提升青少年的配合程度。有些和《培养注意力的心理学》第八章第二节中提及的要点是一脉相承的,有些是针对青春期孩子额外注意的要点,大家可以温故而知新。

1. 减少数量

请尽可能只针对目前家庭规则的内容给出指令,以及给出确保青少年会答应的指令,且在配合后即刻给出正反馈。

各位家长自我思考一下,感觉每天给孩子提了多少个要求?可能自我感觉就 5—6 个,实际上,普通家庭平均每小时 17 个以上的指令,而问题家庭平均每小时 27 个以上的指令。

大人与孩子相处的每一刻都忍不住指导他的方方面面。孩子需要大人的指点,但不需要指指点点。如果青少年习惯了说"不",你给出的指令越多,实际上是给了青少年更多次练习说"不"的机会,也为亲子之间制造更多的冲突。指令越多,对抗越多,关系越糟。在无关紧要的事情上,忍住不给指令,关键时刻给的指令可能才管用,也才有精力贯彻下去。

随便发出一个指令很容易,但是贯彻下去是相当困难的。家长开口给出要求之前,请停顿下来想一想:(1)我是否特别在乎这件事?(2)我是否有精力和时间来确保青少年配合这个指令?(3)如果青少年配合了,我是否准备好了真诚的正反馈?如果青少年不配合,我是否准备好了以及确定能执行相应的负反馈?

除非上面问题答案都确定,否则避免轻易开口,以免陷入"家长说—青少年不听—家长唠叨—青少年反抗—家长放弃"的恶性循环。长此以往,家长说出的话,无论重要还是不重要,在青少年眼里都微不足道,缺乏权威,从而青少年继续对抗,拒绝配合。

2. 内容精练

指令的内容尽量保持在 10 个字左右。一次一个指令,保持指令直截了当,短小精悍。青少年如果本身存在注意缺陷,或者不愿认真听大人讲话,那么孩子通常能清楚记住的,是一个句子的开头10个字左右。

家长很难意识到,单纯靠说服或唠叨并不能改变什么,或者意识到了也很难改变。有时,唠叨既是企图控制孩子的策略,也是宣泄自己无助情绪的方式。在帮助孩子改变行为方面,有害而无益。唠叨并不能增加指令效力,反而火上浇油。

3. 要求具体

指令的内容尽可能是具体、可操作的要求,尽量使用客观标准,从而避免陷入争论,避免让孩子钻空子。例如"尽快完成作业"不如"在晚上九点前完成作业","少玩会儿手机"不如"手机使用时间累计不超过30分钟","专心做作业"不如"暂时停止音乐,写完作业再听歌"。

4. 温和坚定

温和而坚定一直是我很提倡的亲子沟通语气,其表达方式令人感到礼貌舒服,并非强制,也并非哄求。即使是你眼中孩子理所当然该做的事情,也避免用嘲讽或敌意的口气。有时你觉得口气是好的,但实际可能并非如此,这可能与表达习惯有关,也可能是自己没意识到。有的家长会说"我跟孩子交流时会忍住的",实际上,青少年已经能很敏锐地察觉到大人真实的情绪了。所以通过不断地练习,我希望家长并非忍住嘲讽、敌意,而是希望家长发自内心地关爱、慈悲,同时坚定、自信。

5. 公务陈述

如果说温和而坚定的语气有点难以揣摩,那么这个比喻会让家长更容易掌握一些。请想象自己是西装革履待在谈判桌旁的人员,与桌子另一侧人员沟通时,保持公事公办的态度,采取公务化的语气。公务化陈述的语气,既尊重,又坚定,容易增加配合度。避免苛责、辱骂、嘲讽,也避免哄求、恳请、认怂。公事公办地陈述。分清楚哪些可以协商询问而哪些不是,如可以问"你想写完作业再喝牛奶还是喝完了去写作业?",但避免询问"你是不是该放下手机去写作业了?"

6. 启动指令

指令尽量告诉孩子去做什么,而非停止什么或不做什么。如"你俩不要再吵了",换成"小专你去遛狗,小静你去浇花"。总是使用制止的指令"不要做什么",就像邀请青少年来突破自己底线一样,青少年可以用偏要"做什么"的反抗来证明自己。并且"不做什么",实际上一直在提醒这个"什么"行为的存在。比如我们来玩一个游戏,接下来,我需要各位家长做到一件事,就是"请不要想一只粉色的猫"。我打赌,你们脑海中都在浮现一只粉色的猫。

7. 时机恰当

所谓时机恰当有两层含义。一层含义指在青少年不被干扰,确保能听到指令的情况下,给出指令,如避免在青少年听歌时发出指令或隔着一个屋子喊话。青少年配合指令的一个基础条件是,当家长给予指令时,获得了他们的注意力。但仍需强调的是,有时候也许青少年没有用手机,没有玩游戏,但不代表他们的注意力一定是集中的。请记得保持眼神接触,既显示我们和孩子聊天时的尊重,也可以从孩子的眼神中判断是否发呆走神。

另一层时机恰当的含义指尽量避免打扰到青少年正在进行

的活动(除非不得已),这也显示了我们对孩子的尊重,以及示范了不干扰他人的行为。如孩子正在手机上聊天,可以来到他面前,稍候片刻,等孩子看向你时,给出指令。而不是匆忙打断他的活动。

8. 以身作则

这体现了公平,也是示范效应,身体力行比说教管用。很多家长习惯靠讲道理或者训斥威胁让孩子就范,实际上孩子只是因为嫌烦或害怕而屈服,并非真正配合。因此这种方式反而损害了家长权威。如果孩子确实不明白,那么可以讲道理,尽量在其他的时间讲道理。实际上,青少年这个年龄段,很少会是因为不明白道理而不配合。

9. 即时反馈

当青少年配合了某些指令,哪怕是你认为理所当然的小指令,实际上也值得你的正性反馈,即赞赏和感谢。行为和反馈之间所流逝的每一分钟都会弱化两者之间的联系,淡化反馈所具备的效力。即时反馈一般指 10 秒之内,对于青少年而言,几分钟之内都是适用的。关于正性反馈的要点还记得吗?请停下来,回忆一下,如果想不起来,那么请回到上一个步骤,加强练习。

还有一个帮助促进青少年配合指令的小技巧是让对方重复一遍自己的话,以确保对方听到了,且从青少年自己嘴里说出来,也有一层保障的作用。但这个技巧需要谨慎使用,因为操作不当的话,很容易让青少年感觉是被质疑挑刺了,或者感觉被家长当小孩子一样对待。家长如果能很好地掌握温和而坚定的语气的话,那么就可以试着说"我需要你重复一遍刚才的话",从而确保青少年听到了,再鼓励去行动。

　　除了上面提到的要点之外的指令,尤其是唠叨、挖苦、讽刺、打压等方式,很难在与青少年互动的过程中达到配合的效果,即无效指令。

本步骤作业1：有效指令清单

可以将有效指令的各个要点誊抄在一个小纸条上，提醒自己去练习给予有效指令。

第一部分：家规指令。使用有效指令来阐述家庭规则。青少年配合时，即刻真诚地给予赞赏；不配合时，给予平静的提示，只需要提示"你违反了家规"即可，不争执、不训斥、不责罚，后期课程会讨论如何追加后果。

第二部分：配合指令。提前预备出你认为青少年很可能愿意配合遵守的指令，从而更好地完成练习，如：帮我拿下伞；还有一块巧克力，你吃了吧；刚刚那件事太搞笑了，回家你来讲给爸爸听；帮我看看领带打得正吗？等等。

有效指令清单

第一部分：根据目前的家规，设计出相应的有效指令。

家　　规	有　效　指　令
举例：小静晚上想出门的话，必须提前协商，且当天学校功课必须提前完成。	你提前跟我们协商了晚上想出门，非常棒。在晚上7点前完成作业，就可以出门。

第二部分：列举出青少年大概率会配合的指令。

举　　例	大概率会配合的指令
我们一起打开电视看球赛吧	
给自己倒杯牛奶吧	
我们下载很火的"Mojito"听听看吧	
麻烦把汤勺递给我	
试试我的项链，应该配你这条裙子	

本步骤作业 2：无效指令清单

回顾近期青少年不能配合的指令，先记录自己给出的指令内容，当时自己的情绪和语气，孩子具体的表现，再分析原因和对策。可以通过自助提纲尝试自己分析，也可以与配偶、密友讨论。

无效指令清单

你给出的指令	你的情绪和语气	孩子的表现	分析原因和对策

自助探讨原因和对策提纲

1. 你的指令是属于家规里的吗?
2. 给出指令前,你预期孩子会配合吗?
3. 指令保持具体、精练了吗?
4. 语气保持公务化陈述,温和而坚定吗?
5. 给出指令时,孩子在做什么? 获得了孩子的注意力吗?
6. 孩子不配合后,你做了些什么? 对于促进孩子配合有帮助吗?
7. 你觉得还可以做些什么,促进孩子配合这个指令?

第三节 奖赏系统

好行为是夸出来的，好行为是奖赏出来的，总之好行为是正反馈激励和巩固出来的，《培养注意力的心理学》第三章第四节详解了如何制定奖励才能激发孩子的动力形成好的行为习惯。之前就提过社会性奖赏，即夸奖。这一步我们需要将奖赏进一步完善，根据青少年的实际情况，制定出适当的要求，并且给予恰当的支持，通过奖赏鼓励和巩固好行为。

有的家长可能会说，孩子总是达不到目标，总是没有好行为怎么办？如果真的"总是"如此，那么可能我们需要反思一下目标。如果确定目标没有问题，孩子达到目标的能力也没有问题，那么孩子不愿做到，就多半是动力问题，即是否愿意。如何能让孩子愿意呢？靠合适的奖赏系统来激励。因此，如果只是没能达到好行为的目标，并不需要惩罚，予以积极忽视即可。当然，如果是突破了规则的不良行为，那么就需要予以恰当惩罚。

例如，规定"如果晚上9点前没写完作业，就追加15分钟复习任务"，可能会让孩子对学习更抗拒。可以尝试"如果晚上9点前完成作业，当天可获得5分钟的手机使用时间"。并且可能需要恰当地提醒孩子开始、分割作业任务等帮助孩子达成目标，每完成一项就给予称赞和奖赏。在此基础上，也许可以叠加恰当的惩罚"如果晚上9点半还没写完作业，扣除睡前的听歌权限"。

我们的目的是帮助孩子达到目标，获得奖赏；而不是制定一个孩子达不到的目标，不断惩罚孩子。我们先打造好奖赏系统，再慢慢掌握忽视和惩罚的方法。

如何打造好奖赏系统？需要依次做好以下五件事，最后便能水到渠成。

第一件事：区分权利、礼物和福利。

权利指基本权利，包括基础温饱保障、享受学习医疗、受到安全保护，这是孩子的基本权利。礼物指他人无条件自愿的赠予，如生日礼物、新年礼物等。福利是除上述之外你提供给孩子，尤其是孩子喜欢的东西。对青少年而言，手机、电脑、电视、游戏、课外书、外出聚会、邀请朋友、零花钱、零食、晚点回家、陪伴玩耍等可能都是福利。

需要注意的是，某种程度上来说，没有必须存在的礼物。因此，某样东西，是礼物还是福利，需要提前说清楚。如果说好了是礼物，如生日带你去游乐园，那么就不要带附加条件，避免因为孩子未达成条件而收回礼物。但你可以提前说清楚，生日带你去游乐园作为礼物，但只有考试及格了，才给你买乘坐所有游乐设施的通票。这就意味着，去游乐园是没有条件的礼物，但玩游乐设施是需要通过考试及格挣取的福利。同时，礼物避免太多太重，比如一个青少年过年期间收到上千元的微信红包，接下来一年可能都缺乏动力去挣取零花钱。

第二件事：收回你能控制的福利。

让孩子明白，福利只是福利，不是理所当然的权利。想要索取福利，应由自己负责任的好行为来"挣取"。很多叛逆青少年的问题出在，家长没有理解福利的含义，完全丧失了给予孩子想要的物品和活动的主动权,只能任由青少年操纵自己。

从一开始就要说清楚,比如当你送孩子一部手机,孩子会觉得每天使用手机上网 10 个小时是他的基本权利,因为"这是我的手机,我想用多久,什么时候用,用掉多少钱都是我自己说了算"。这样事情就很棘手。手机可以是礼物,但使用手机的时间、内容和费用,是福利,需要挣取。因此,家长有权使用一些方法监管手机的使用时长、软件内容和消费。

注意保持坚定和一致性,如果今天一时兴起,没收手机,甚至通过砸毁手机的方式收回孩子使用手机的权限,过两天孩子一纠缠马上又买一部新的,虽然可能买之前孩子信誓旦旦承诺一些行为,那也缺乏意义。像合同一样管理福利,达到了目标就发放福利,达不到则不发放。

第三件事:用好社会奖赏。

之前就提过如何用好社会奖赏,比如微笑、点头、鼓掌、抚摸、拍肩、拥抱、亲吻、赞赏、向他人夸奖孩子。有时哪怕仅仅只是关注、倾听就是社会奖赏。据调查,普通家庭每 100 分钟才出现 1 次正反馈。如果家长只是盯着青少年没做或做不好的事情,会造成低自尊。但如果无论孩子做了什么都笑脸相迎,同样也会形成低自尊,因为孩子到了外面会处处碰壁。学会观察孩子的行为,对于他们的好行为,真诚地夸奖。避免永不满足,孩子做什么都觉得是应该的,以及觉得比不上隔壁别人家孩子。

第四件事:创建福利清单。

根据自家孩子的需求,创建福利清单。根据孩子对福利的重视程度,以及大人给予福利的难度,创建价格系统,孩子可以使用自己行为赚取的"工资"来"购买"福利。注意,这里的福利指物质奖赏和活动奖赏。因为社会奖赏可以不吝啬,但凡出现好行为就可以随时发放。

无论是物质还是活动奖赏,核心特征都是让孩子明白,想要什么,需要靠自己的好行为去挣取。奖赏物可以头脑风暴产生很多种,青少年常见的奖赏物包括:手机使用时间(15分钟—1小时),晚点上床睡觉,上学日晚上外出,外出参加活动,去同学家聚会,邀请朋友到家来玩,家长陪伴玩耍1小时,允许使用家长的某些物品(如妈妈的化妆品、爸爸的木工箱等),借大人的衣物首饰,看电影,请朋友吃饭,以及**零花钱**(稍后详解)。

青少年的福利清单,应该以中期奖赏为主要内容,鼓励长期奖赏,同时提供少量短期奖赏。短期奖赏要看上去很明显地不划算,短中长期奖赏的价格体系类似单次卡、周卡和季卡,单次卡性价比最低。例如当天使用手机5分钟需要15积分,如果累积到周末使用手机30分钟仅需要30积分。当然,如果实施初期,青少年习惯了今朝有酒今朝醉,当天挣的当天花,允许他们当天兑换,仍需要对他们的好行为予以赞赏和鼓励,慢慢再帮助孩子建立储存积分,延迟兑换长期奖赏的概念。

福利清单上应该选择青少年喜欢的奖赏物,迎合青少年的需求和喜好,但大人也需要把控福利的内容和时间是合理的。青少年可以提出自己想要的东西,家长决定兑换的分值,整个过程青少年可以参与协商。

如果你发现创建福利清单很难,那么就花一点时间观察孩子在自己的时间喜欢做什么,每个孩子喜欢的东西是不一样的。哪怕一个孩子喜欢懒散地躺在沙发上,也不愿动笔写一个字,那么"葛优躺"也可以作为一种福利。

如果青少年对积分系统感觉幼稚,不愿意配合的话,那么可以用结算工资的形式,发放零花钱作为奖赏物。用零花钱或积分制做奖赏系统时,还需要注意一些细节:

1. 预算合理:每个家庭预算不一样,通常来说,平均每周50元工资差不多了。就算家庭很富裕,也避免给予过多的工资,这样会造成餍足。工资的金额需要符合孩子的工作价值,以及家庭的负担水平。如果用积分制,保证每周结算分数能兑换的奖赏物,其对应的价值金额是合适的,例如50元左右。

2. 开始日结:每天结算青少年的工资或分数,即便今天有表现很差的行为,他们挣取的那部分仍然需要结算。当然可以选择冻结其使用的机会。奖惩分明,该奖励的要奖励。例如你是服务员,端了一天盘子,但是打碎了两个碗,因为碎碗而不发工钱,这显然不合理,合适的做法是,今天的工资照样给你,但是罚你下班后打扫卫生。

3. 每周兑换:当青少年适应了工资或积分系统后,逐渐尝试每周结算一次工资,这样也能鼓励孩子坚持好行为以获得中期奖赏。如果时间久了,家长和孩子容易就某天挣多少钱或多少分产生分歧,那么可以继续每天结算工资或分数,但每周开放一次兑换奖赏的机会。

4. 设置奖金:如果一周累积工资或积分超过某一额度,或者坚持一周没有出现任何导致资金或积分冻结的状况,那么周日还有一笔额外的奖金入账。这样能鼓励青少年坚持更多的天数达到目标,以及坚持更长的时间不违反规则。坚持越久,越容易成为习惯。

5. 叠加特权:如果青少年以前无条件拿钱习惯了,新的工资系统可能不受待见。最初实施的时候,可以叠加一些自由时间或者陪伴活动的特权,但不要和福利清单产生冲突。

有时候,新的工资或积分系统不仅不受待见,感觉实施起来也不奏效。这个时候需要分析一下原因,可能的情况有:(1)可能家长突然改变对待青少年的方式,例如对其好行为予以肯定赞赏,青少年感到不习惯或尴尬,故意表现平淡缺乏反应,这种情况只要继续坚持即可。(2)福利清单上的奖赏物不是青少年在乎的,当然并非指"花血本"砸好处,而是指更真诚地赞赏孩子,给予孩子他恰好特别需要的恰当的特权。(3)即使不通过你,青少年也能通过其他途径获得奖赏物。(4)注意顺序,先有好行为,再有奖赏物。即使表扬夸奖和感谢,也在好行为之后再给。有时家长会先给好处,贿赂哄着孩子有好行为,如让孩子先看半小时电视,"心情好了才能配合"写作业,这种方式最终就会让孩子配合的筹码越开越高,甚至离谱到很日常的配合都要求家长极高的回报,如"必须手机使用时间和软件全部解除控制,我才答应你们开始写作业"。

因此,再归纳一下促进奖赏有效的几个要点:

1. 即刻:当好行为发生时,即刻跟随奖赏。避免没有出现好行为时,无条件地赠予。也要避免好行为产生后,视为理所当然,不予正反馈。

2. 小步:遥不可及的大目标+丰厚诱人的奖赏=形同虚设。如期末考试每门功课拿 A,带你出国旅游。建议现实可行的小目标＋持续的小奖赏＝行之有效。如每天坚持学习 2 个小时,可以拿到小奖金。

3. 每次:最初每次都奖励。慢慢地调整要求难度或降低奖励幅度。

4. 守恒:付出什么,得到什么。付出多少,得到多少。这是社会逻辑,也是家庭规则。家庭成员均是如此。可以无条件地爱,但不能无条件地给予满足。

5. 坚持:有时候,家长给青少年的奖赏和惩罚都比较随意,并非完全与青少年的行为有关,也并非坚持一致。如青少年不愿写作业,学期刚开始,就是唠叨,但青少年仍然有手机玩;到了考前,就会争执,抢夺手机摔手机;而到了假期,全家又照旧出去旅游。

模棱两可是大敌。当孩子发现家长摇摆不定时,就会钻空子、找理由,然后家长就发现精力都被消耗在无意义的争辩中,而孩子就发现争辩是获得自己福利最便捷的方式,于是就会采用更多的争辩。有时候孩子配合一段时间可能又会对抗一阵子,这只是他在试探家长是否足够坚持原则。保持淡定,坚持下去。

第五件事:创建行为合同。

根据之前的家庭规则,开始考虑,当青少年达到了家庭规则时,分别给予多少工资或积分。越重要或者越困难的目标,金额或者分值相对越高。

需要再次强调的是,家庭规则里制定的目标难度是青少年稍微努力配合就能够达到的水平。如每天完成课堂作业,或者每天指令配合 50%,或者每天晚上 9 点停止使用手机,可以各积累 5 分等。

根据青少年目前的"收入"情况制定合理的福利清单上各个内容的"价格"。避免物价过于昂贵,孩子消费不起;也避免物价过于低廉,孩子富得流油。

合同之所以被称为合同,需要有仪式感地严格遵守。如果设定了完美的系统,但是不贯彻实施,那么形同虚设。例如9点交手机,不要拖到9点1分,即便孩子可能就差这1分钟,就能累积更多的游戏经验值,也不行。因为底线就是底线,这次有理由错过1分钟,下次有可能有理由错过1小时。如果青少年没能达到要求,家长平静陈述,平静走开,避免陷入和青少年的争辩中。有时候家长会说,孩子太会狡辩了,你既然知道对方在狡辩,又何必陷入争辩。

挣取积分的行为合同避免仅局限于完成作业和配合指令,建议增加家务内容。对于青少年而言,没什么不能让他去做的家务。根据其目前能胜任的家务水平,逐步去布置。完成家务才是真正为其独立、成年、适应社会生活做准备。

与其抱怨青少年什么都不会做,或者懒得做任何家务,不如要求和帮助他们学会去做家务。通常来说,青少年每天尽量完成30分钟的家务劳动,周末两天额外再追加1小时。根据家务的难度设置不同的分值。

如果一项复杂的家务孩子完成得不是很好,与其不让他做,或责备他做得不好,不如将复杂任务拆分成一个个具体要求的小步骤,鼓励孩子每一步都做到,并且每一步都有对应的积分。例如晚饭后收拾厨房的工作可以挣得10分,可以拆分成10个小步骤,每个小步骤做到了都有1分:(1)收拾擦干净桌子;(2)椅子放回原位；(3)需要放进冰箱的食物放入冰箱；(4)不需要的东西分类放入垃圾桶；(5)洗碗筷；(6)擦干碗筷；(7)碗放回碗架；(8)筷子、汤勺等放回筷子篓；(9)洗碗布洗干净，拧干挂起；(10)倒垃圾。

一个设置良好的家庭规则，及其对应的行为合同里，应该包括作业完成的要求（如完成时间、完成内容、完成质量等），生活规则方面的要求（如电子产品使用、关机时间、晚上外出等），亲子关系和待人接物礼貌的要求，以及至少1个家务方面的要求。

有的家长在完成本步骤时会遭遇一个困惑，就是如何向孩子传达并解释行为合同？建议简单明了的阐述即可，可参考以下话术："我觉得家里存在一些冲突和困难，因此想采取一些改变，让大家相处得更愉快。我仔细考虑了一下……这些是你应有的权利，然而……这些应该是福利，家庭不能无条件提供给你，接下来需要你来挣取，挣取的方式是通过配合行为合同，具体是这样的……"

准备好接受青少年的反抗和拒绝，简单解释："我和你一样希望你能获得更多的福利，只是我希望能开心地给你，你能开心地获得，只要配合完成了你的任务，就能轻松开心地换取福利。就好像我配合完成了工作，就可以领到工资一样。"

如果青少年能配合聆听，那么使用社会奖赏对他的配合给予正反馈。如果青少年持续不配合，那么温和而坚定地收回他原本的特权（如没收手机、断网、没收零钱等），注意没收即可，避免在这个过程中训斥、辱骂甚至发展为肢体冲突。如果青少年就此发生激烈的情绪反应，请避免冲突升级，人身安全首位，这意味着可能需要个体治疗、药物治疗甚至可能住院观察。

最后还想提的一点是，现在不少中国家庭不止一个孩子。实际上无论孩子是否存在行为问题,行为合同的方式都可以促进青少年培养独立自主的行为习惯,因此都是适用的。可以针对共同的生活部分,制定相同的家规和分数,如晨起常规事务。针对学习部分可以有不同的要求,但分值大体匹配,如对姐姐是正确率高于90%挣取20分,弟弟是字迹保持工整可辨认加20分。针对家务部分,可按孩子能力不同分配不同的家务内容,但分值保持匹配。如晚饭后半小时内姐姐完成洗碗加10分,弟弟完成打扫加10分。

本步骤作业1：福利清单

区分清楚基本权利、礼物和福利。在青少年的福利清单中，将大人能控制住、孩子喜欢的东西挑出来，标好定价，作为奖赏物呈现。

本步骤作业2：行为合同、福利超市

按家庭规则制定对应的积分或工资金额，可根据福利超市上的标价进行兑换。鼓励青少年每周兑换一次，同时也提供当日兑换的选项，但性价比相对低很多，以此鼓励孩子逐渐建立储存积分以兑换长期奖赏的意识。

福 利 清 单

孩子享有的基本权利	基础温饱、学习医疗、安全保护	此两项无条件给予或赠予
近期拟给孩子的礼物		

福利：注意区分礼物本身和礼物使用权限，后者仍可以作为福利

物质奖赏/活动奖赏	大人是否能控制该福利？	该福利青少年是否喜欢？	前两个答案都为"是"，请定积分或定价

行为合同模板

专小静同意：

做　到	挣　取
晨起：6点半闹钟响后5分钟内起床，无须催促	5分
晨起：7点之前完成洗漱工作（不再占用卫生间）	5分
晨起：7点20分之前吃完早饭（至少1块面包和1杯牛奶）	5分
晨起：7点半之前能出门去上学	5分
晚饭后半小时内完成洗碗（按要求）	10分
晚上10点前完成所有的学校作业	30分
作业正确率超过90%（错误题目需要订正）	10分
作业完成后可兑换手机使用时间，晚上10点上交手机	10分
对家人保持友好至少心平气和（音量低于65分贝）	20分
奖励：一周内累积500分以上	100分
每天晚上10点结算积分系统，计算当天收入和支出，记录目前结余总分。	

福利超市模板

短期内容	兑换分数	中期内容	兑换分数	长期内容	兑换分数
1个小点心	20分	外出参加同学聚会	200分	请同学吃饭	1 500分
1个冰淇淋	50分	外出看电影	300分	欢乐谷游玩	2 000分
看电视10分钟	80分	玩手机1小时	400分	迪士尼游玩	3 000分
玩手机10分钟	100分	家庭周边游	600分	买新手机	15 000分
当天兑零钱	15分=1元	周末兑零钱	10分=1元	月末兑零钱	9分=1元

行 为 合 同

_____同意：

做　　到	挣　　取
奖励：	

每天_____点结算积分系统,计算当天收入和支出,记录目前结余总分。

福 利 超 市

短期内容	兑换分数	中期内容	兑换分数	长期内容	兑换分数

第四节 惩罚系统

首先强调，避免体罚。实际上，体罚在青少年阶段也普遍存在。80%的青少年报告说曾被家长体罚，如扇耳光、拍打等。20%的家长曾用道具体罚过孩子。

有些家长可能相信棍棒教育，且确实立竿见影，但只是短期有效，长期有害无益。在《培养注意力的心理学》第三章第六节介绍了如何对儿童进行合适的惩罚，也强调了要避免体罚和吓唬。孩子越小，越可能有效，但只是基于害怕。青少年仍可能有所顾虑害怕，因此体罚有时仍然有效，但不合适的惩罚不仅损害自尊，当孩子不再感到害怕的时候，就会完全无效，甚至可能有反噬作用。

因此避免产生肢体冲突，体罚只会伤害孩子的身体，也会让孩子对整个行为合同痛恨厌恶。同样，也避免容忍青少年伤害大人，给予适当的限制和控制，要让他知道，父母并不是随意攻击的对象。

除了体罚需要避免之外，还要强调避免情绪性惩罚，尤其对于青少年。因为青少年已经能够理解家长表达的负性情绪，并且会为此受到伤害。他们已经很难和儿童时期那样，左耳朵进右耳朵出了。伤害的话，说出口的一刻得到了宣泄，但事后就像钉入墙上的钉子一样，即便钉子拔掉了，留下的伤疤却一直在。

什么叫情绪性惩罚，就是通过一些带有攻击憎恶的言语，宣泄自己的不满情绪。那些以"我恨你""你再这样就给我滚出去"类似的抛弃、不爱的威胁,还有那些侮辱、贬低孩子的方式如"你就是个没用的人""我就后悔生了你"等,都应该避免。反之,也避免孩子一说"我恨你""你不爱我""你是差劲的父母"而感到心软愧疚,从而放弃行为合约。

在正式讨论何为针对青少年的恰当惩罚之前,要提两件事。

一个是重提奖赏。好行为是依靠奖赏慢慢塑造的。奖赏这种正反馈,可能需要上百次,日积月累才能逐渐改变行为。对比之下,有时家长会缺乏耐心,因为短期看不到想要的效果而作罢,从而投向短期可能有效的体罚或情绪性惩罚。这时要告诉自己,说服自己,什么才是合适的、正确的、有益的做法。

另一个是关于忽视。对于家长不愿看到的行为,有时关注就是强化,哪怕阻止唠叨,陷入争辩,某种程度上可能对于青少年来说,也是一种强化。此时予以忽视,相当于去掉强化。忽视这个技巧在《培养注意力的心理学》第三章第五节中被誉为"此时无声胜有声"。

仍然需要强调的是,如果行为具备危险性,那么不适合忽视。还有些行为自带正反馈,也不适合忽视,比如抽烟、玩手机、发脾气。这些行为本身就让孩子感到愉悦,有正反馈,以及可能有同伴效应、伙伴的怂恿及从众心理等。

当然,不适合忽视,仍然需要采取合适的惩罚方式,而这不包括说教、斥责、辱骂和体罚,因为这些也不能起到改善作用。不要试图通过说教或者道德绑架让青少年改变行为,很少有人是因为不懂道理而做不到,他们只是选择这样做,因为这样的行为对他们而言,具备一定的功能。

那么，什么是对青少年而言合适的惩罚呢？我们列举三类。

第一类：移除特权。

主要指冻结青少年目前的积分或工资账户，即分数或资产仍然是你的，但是冻结你兑换福利特权的机会。之前记录的福利特权，都可以在这个环节派上用场。挑选青少年喜欢的福利特权冻结，比如取消今天可以使用手机聊天的特权。注意避免那些对家长而言重要的内容，比如每周固定的钢琴课，如果取消了，大人可能会有经济损失或情绪焦虑。

常见的可取消的特权包括使用手机，下楼玩耍，邀请朋友到家里来，外放喜欢的音乐，赖床或晚上床，使用大人的东西，零食等。

移除特权尽量速战速决，避免持久战。因为你取消某个特权越久，意味着你需要花更久的时间去实施和监管这个惩罚。

确保监管到位，比如取消零食，那么确保青少年手机里没有零花钱从而自行购买；取消手机使用的权限，那么确保青少年没办法使用老人的手机。

移除特权有两种特殊情况。

第一种特殊情况：取消隐私权限。

要知道，对于大年龄的青少年而言隐私是很重要的事情。因此取消青少年关门的权限是个很有效的惩罚，必要的时候甚至可以尝试拆掉房门。注意，家长要避免以窥探隐私的目的去实施。这个惩罚一般适用于那些发脾气反锁门，或者锁门后自己在室内进行不安全或不良行为被发现的情况。

第二种特殊情况：罚款。

大多数情况下冻结工资，即取消一段时间可兑换奖励的权限即可,这样青少年的对抗情绪不会特别大。但也可以尝试数量合适的罚款,什么叫合适的数量呢?就是这个罚款的力度,既不能太少以至于青少年毫不在乎,又不能太多,因为需要保证每次青少年出现坏行为时都能有钱被罚。

拒绝交罚款怎么办?可以移除所有特权,直至缴纳罚款为止。就像手机费一样,欠费会停机,停止使用特权,除非缴纳费用。

罚款之后孩子生气怎么办?按之前的原则提供赚钱的机会,回顾可以赚钱的家务清单。避免在完成罚款之前就恢复特权,避免让孩子拖欠罚款。

第二类:增加家务。

尽量让青少年优先选择愿意做的家务,当然家长也需要根据青少年行为错误的程度,制定需要弥补的家务时间。

短时劳动适合惩罚小失误行为。请家长拿个本子,在家里环顾一圈,看看有哪些小劳动可以在 5—10 分钟完成,适合作为小惩罚。如清理厨房或卫生间的水池、拖地、洗抹布、倒垃圾、打扫屋子、浇水、擦桌子、取快递、摘菜、擦碗、叠衣服等。

长时家务针对明显的不良行为,惩罚的内容需要符合行为的不良程度,避免伤害青少年。并且,如果惩罚时间过长,意味着家长需要更长时间的监管,变相地在惩罚家长。例如撒谎 1 次,追加 30 分钟家务;每逃课 1 分钟,做 1 分钟家务;逃课 1 天,则完成 4—5 小时家务;每次抓到抽烟,追加 1 小时家务(如果只是怀疑,那么 15—30 分钟);学校老师的电话告状,对应大概 1 小时家务;过晚回家甚至彻夜不归,1 整天的家务。

超长家务用来惩罚青少年确实很大的错误行为,比如打架、赌博等,那么他们需要承担不止一天的弥补任务。这时候可以告诉孩子"你的特权将在完成一定时间的劳动后才能恢复"。工作日安排1—2小时的家务劳动即可,毕竟还有学习任务。周末可以安排长达5—6小时的家务劳动。无论如何,工作日至少要保证1小时的家务劳动,这样青少年才不至于"忘记"他们错误行为的后果。

第三类:禁闭系列。

儿童时期有个惩罚叫"暂时隔离",到了青春期就可以采取升级版的隔离措施,包括禁电子产品、禁网和禁足。

禁电子产品尽量包括所有的"黑镜"产品,即屏幕熄灭后看上去像一面黑色的镜子,包括电视、手机、平板等。尤其是禁用手机是比较有效的选择,青少年离不开手机。相对地,单用禁看电视可能收效不大,一个是现在青少年对电视不太在乎了,很多节目通过手机就能观看;另一个是如果家里其他人看电视,你很难阻止孩子不看。

禁用网络也是有效且方便的选择,尤其对于喜欢网络游戏的青少年,只要拔掉网线就可以了。但问题在于,断网对大人可能也存在一定影响。

禁足对于青少年是有效的,尤其在周末的时候。禁足实施的要点包括:(1)禁足之前确保可实施性和可监管度,有的大年龄青少年,体格很大,家长很难将其限制在家,并且家长周末如果需要加班,则很难监管;(2)禁足意味着得不到任何福利,禁足不是简单地等于待在家里,如果青少年在家可以继续看电视、玩玩具、打游戏、玩手机、吃零食,那么这不是禁足,上述福利需要全部收回;(3)禁足一般不要轻易超过1天,最多2天,时间太长大人很难操作,且青少年说不定会忘了为什么而禁足;(4)禁足前后,简单明了告诉孩子为什么被禁足,让其知道被惩罚的原因,避免喋喋不休地训斥,避免陷入争执;(5)禁足时,提供一些活动安排打发时间,不能是福利类活动,可以是家务,但不发放工资。

惩罚的实施很容易两败俱伤而收效欠佳,但有时青少年的行为会让大人非常失望,以至于不得不惩罚。在实施惩罚时,有很多注意事项,请仔细阅读,尽可能避坑。

1. **准备工作**:告诉孩子你可能尝试的一些改变,这样会让你和孩子都生活得更容易一些。你会减少不必要的指令,但一旦认真给出指令后,期望孩子在 15 秒内做出响应和行动,而避免争论和顶嘴。如果孩子做不到,那么需要去完成 5 分钟的家务,如果仍不配合,你将会取消他一些特权。当然改变不仅于此,改变还包括之前的,青少年可以通过自己的行为,获得更多的新特权。

2. **程度合适**:避免伤害到孩子的身体和心理。惩罚只是为了让青少年有机会重启好行为,并非让他们"痛苦"到记住教训。惩罚不是越重越有效。惩罚是让孩子为不良行为承担恰当的后果,以及学会恰当的应对方式,从而争取下次遇到类似情况时,改变原先的不良行为。

3. **联合奖赏**:单独使用惩罚并没有很好的效果,需要结合奖赏。你觉得这个行为不合适,应该接受惩罚,与此同时,你需要告诉孩子什么行为是合适的,并且奖赏这个合适的行为。

4. **保持一致**:惩罚和奖赏一样,需要保持一致,跨人物、跨时间、跨场景一致。也就是说,任何时候、任何场景出现了这个行为,所有的大人,都应该给予一致的惩罚。

5. 即刻实施：尽量做到青少年出现不良行为，你就能马上跟随一个相应的后果。时间拖得越长，吸取教训的力度就越弱。避免等到你忍无可忍，怒不可遏的时候，再去惩罚。有时候可能或这或那的原因让你难以实施惩罚，然而延迟实施惩罚，可能对于巩固行为与反馈之间的联系而言，效力会削弱很多。例如，今天孩子某个行为需要扣除使用手机的权限，孩子表示不能用手机就没法查询作业，因此不能完成某项作业。如果因此而让步，那么在孩子眼里这条规矩形同虚设，下次他会继续找各种理由去突破。如果是在公共场合，确实难以即刻实施惩罚，那么可以像开罚单一样，写下回家后需要接受的后果，并且回家后应即刻执行，避免事过境迁不了了之。

6. 坚持不懈：如果亲子关系不够理想，那么惩罚可能会导致对抗。在一开始尝试忽视或惩罚时，不良行为甚至可能会增多。想想我之前多次举过的自动售货机的例子。记得这个时候需要保持温和而坚定，贯彻实施，坚持不懈。行为的改变是缓慢的，至少需要数周才能看到起色。奖惩都是积少成多。冰冻三尺非一日之寒，坏行为是日积月累养成的习惯，当想摆脱坏行为，需要多次重复坚持的小惩罚，当想形成新的好行为，也需要多次重复坚持的小奖赏。

7. 小优于大：当惩罚太大时，青少年会被激怒，从而有可能产生更多的对抗和争辩，甚至有可能产生新的危机，惩罚的初衷反而达不到。小惩罚后，青少年不至于有太大的情绪波动，反而能够去反思"我做了什么，得到了惩罚，为了避免这个惩罚，下次不要再这么做"。如果惩罚力度比较小，每次青少年犯错时，都能够坚持重复去实施。而如果惩罚力度很大很极端，就很难做到坚持重复。很多时候家长称"奖惩都没用"，原因之一就是，想起来就大奖大罚一次，而其他很多次坏行为出现时，只是唠叨说教，而并非执行惩罚。

8. 避免频繁：如果发现频繁地惩罚孩子，则提示可能家长对孩子目前的要求过高，过于控制了。也许你的出发点是好的，但如果青少年本人就是做不到，你的要求形同虚设。将要求和控制下调到青少年稍微努力就能达到的程度，鼓励他们努力的"好行为"，也许这个好行为暂时达不到大人最终的要求，但是在当前是进步的表现，仍然值得鼓励。别事无巨细地去管。只能挑 1—2 件你觉得不可忍的行为去做惩罚，避免对于看不惯的行为都去管。你看不惯的事情很多，能管得住的事情很少。如果事事都管，那么就一事无成。

9. 避免放弃：避免轻易给予过长时间或者过于严重的惩罚，因为这会让你很难贯彻实施到底。这时当你想放弃惩罚，其实就损坏了权威。如果实在面临这个局面的话，可以要求孩子用更多的努力来抵消部分惩罚，从而减少惩罚的时间或程度。如果做不到的惩罚，就别说出口。有时候家长习惯"放狠话"吓唬孩子来配合，记得《狼来了》的故事吗？威胁吓唬只会损毁自己的威信。只有具备权威，你的话才作数，青少年才会配合。你做不到的事，就请别说出口。

10. 保持平静：态度温和（非冷漠）而坚定（非动摇）。就事论事去惩罚，就行为反馈结果。因此，请确保大人在情绪平静的情况下去实施惩罚。实施惩罚，是因为知道这个方式可以帮助青少年改变行为,而不是因为我们自己有多愤怒。有时家长实际只是在宣泄自己愤怒挫败的不良情绪,这对孩子而言是个不良示范。惩罚之前,先促使自己平静下来,可以通过深呼吸几次帮助自己放松。

11. 避免争辩:在开口之前做好避免争论的准备,因为一旦开始跟孩子争辩,试图通过说服来赢过孩子,那是不可能的,最后双方都会气得两败俱伤。避免陷入权力争夺战。以公务化的口气陈述要求,平静陈述对抗、不完成的后果,坚持执行即可。不要说理,不要争辩,不要妄图说服。不用费尽心思去思考为什么孩子要这么做,或者费尽口舌去劝说唠叨,这都会让你忘了实施应当的惩罚。

12. 放平心态:惩罚不是报复,不是为了伤害青少年,因此没有以牙还牙之说。比如你打了我,所以我就打你一下,让你知道被打有多痛。惩罚不是亲子之间的战争,不存在谁"赢"了谁这么一说。因此惩罚不影响家长去爱孩子,但无须在做规矩的时候去表达爱意,可以在别的时间好好充分表达。

13. 警告机会:惩罚前可先给次警告,并给时间观察青少年的行为。比如平静要求孩子"现在去厨房把碗洗了",孩子说"现在不要,我现在有别的事",平静陈述惩罚"如果半小时内不能洗好碗的话,那么待会还需要把卫生间打扫干净"。如果青少年生气地夺门而出,躺在沙发上看杂志,先静观其变,避免跟在其身后唠叨训斥。因为这个时候对青少年的情绪烦躁急于处理的话,可能会使得对抗冲突升级。静观其变,如果半小时内,青少年自己平静了,能够完成洗碗,那么仍然需要表扬其按时完成了任务。如果坚持不洗碗,那么就追加打扫卫生间的惩罚。

14. 忽略瑕疵:观察青少年的行动是否配合,一开始即使他们嘴上抱怨,显得烦躁,但只要行为上配合去做了,暂时忽略不完美的其他部分。当家务传达清楚后,让青少年自己去实施,家长可以离开这个场景,自己看会儿书或听会儿音乐,这也有利于家长平复情绪。青少年在被惩罚后,很容易抱怨、发泄,只要不至于损坏东西,就不予插手。避免挖苦、讽刺、训诫。如果青少年会弄坏物品,那么平静地提醒"物品要保持完整和归回原位,损坏的东西需要自己修好,修不好就会扣除一些特权"。

15. 惩罚结束:有时候家长总觉得需要一个认错的表态或者最终总结,这事儿才能翻篇,实际用不着。对于青少年而言,当他们接受用劳动来弥补时,通常就明白是因为什么而造成的了,不需要他们再口述一遍"认罪"才代表吸取了教训。

本步骤作业 1：合适惩罚选项

根据自己家青少年的具体情况，将适合的 3 种类型的惩罚内容先列出来，以便需要实施的时候，可以酌情挑选。

本步骤作业 2：行为合同完善版

在原有行为合同、福利超市的基础上，加上惩罚选项，即对 5 个以内的不良行为，予以内容恰当的惩罚。

接下来观察 1—2 周根据行为合同、奖惩系统实施的情况，记录存在的问题和困扰，回顾书中相应的章节，寻找答案。或者与配偶、有经验的朋友探讨，寻找解决办法。

合适惩罚选项

移除特权	冻结积分	冻结工资	扣分	罚款
	取消某个特权：			
	取消隐私权限			
增加家务	短时家务(5—10分钟)：			
	长时家务(30分钟—1天)：			
	超长家务：工作日1—2小时，周末5—6小时			
禁闭系列	禁看电视	禁用手机	禁用网络	禁足
	1. 确保可实施，可监管。 2. 同时收回网络、电子产品、玩具、零食等福利特权。 3. 一般1天，最多2天。 4. 简单解释禁足原因。 5. 提供家务、任务打发时间，但不发放工资。			

行为合同完善版模板

专小静同意:

做 到	挣取	出 现	惩罚
6点半闹钟响后5分钟内起床	5分		
7点之前完成洗漱工作	5分		
7点20分之前吃完早饭	5分		
7点半之前能出门去上学	5分	不能按时出门,迟到	冻结5分
晚饭后半小时内完成洗碗	10分	拒绝洗碗	扣除零食
晚上10点前完成所有的学校作业	30分	11点之后完成学校作业	取消手机
作业正确率超过90%	10分	正确率低于80%	叠衣服
晚上10点上交手机	10分	晚上偷拿手机使用	罚10分
对家人保持友好,至少心平气和	20分	音量大于65分贝	冻结10分/次
家长的指令15秒内能响应去完成	10分/次		
每天晚上9点结算积分系统,计算当天收入和支出,记录目前结余总分。			

合适惩罚选项模板

出现行为	惩罚类别	具体惩罚内容	程度合适	可监管
说脏话1次	取消特权	罚5分	是	是
偷拿老人手机	取消特权	取消周末手机使用兑换权	是	是
撒谎1次	增加家务	长时家务:打扫卫生间	是	是
老师电话告状	增加家务	长时家务:洗衣服+晒衣服	是	是
超过门禁时间回家	禁闭系列	周末禁足1天	是	是

行为合同完善版

_____同意：

做　到	挣取	出　现	惩罚

每天_____点结算积分系统，计算当天收入和支出，记录目前结余总分。

合适惩罚选项

出现行为	对应惩罚类别	具体惩罚内容	程度合适	可监管

第五节　因 果 管 理

在经历了基础的前四步之后,就迎来了水到渠成的第五步——因果管理。

什么是因果管理？就是采用行为"因"和结局"果"的逻辑去给予青少年恰当的反馈。因果逻辑实际上就是系统综合的奖惩逻辑。当青少年出现行为 A,如果得到好处,或者其希望出现的情况发生了,那么行为 A 就会不断重复出现。当青少年出现行为 B,如果没有得到好处,或者其希望出现的情况并未发生,那么行为 B 就慢慢不再出现。

道理都懂,为什么家长难以坚持因果逻辑,或者某个时候会声称"没用"而放弃？实际上,因果逻辑不会没用,只要实施得当且坚持以恒。有时候,导致家长放弃的真实原因是坚持实施太难,从而知难而退,未能坚持实施,导致"没用"。

为什么孩子的不良行为从儿童期到青春期,有时候会愈演愈烈？很大一部分原因就是,我们让这个行为落入了 A 行为的逻辑。随着孩子长大,控制果确实变得越来越困难,有时为了一时解决问题,而落入了错误的逻辑,反而使得问题更加棘手。

例如,当你初次尝试控制手机使用时间(日期 1),孩子大声吼叫争吵(行为 A1),你为了息事宁人给予手机(得到好处),那么下次当你尝试管理手机时,孩子极大概率会重复吼叫争吵(行为 A1)。

某天（日期2），当你觉得必须得改变了，于是即便孩子咆哮也不给手机，孩子于是变本加厉，大发脾气，摔门踢人（行为A2），你觉得没法应对，太难了，不敢坚持，于是选择迁就继续让孩子玩手机（得到好处），下次当孩子不满意时，极有可能直接出现摔物打人（行为A2）。

某天（日期3），你又一次下决心不能再继续迁就下去了，感觉这样孩子就废了。于是无论孩子吼叫还是摔物打人，你都坚持住不给手机，孩子继续变本加厉，威胁跳楼（行为A3）。没办法，你只能投降，将手机给孩子（得到好处）。能想象下次你不答应孩子可能出现的场景吗？很有可能继续以死相逼（行为A3）。

所以，当家长抱怨孩子会一哭二闹三跳楼时，有没有想过，他们为什么这么做？很有可能只是因为他们这么做了（行为A），你就会妥协答应他们，他们就会满足（得到好处）。那么，如果不想他们这么做，该怎么办？就得进入行为B这个逻辑，即哭闹之后，不能予以满足。

回到之前的例子，如果在日期1，孩子大声吼叫争吵，吵得人心烦意乱，脑袋瓜疼，但只要坚持不答应给手机（无好处），那么孩子下次不乐意时争吵的概率就会降低（行为B1）。如果日期1这个防线失守，那么在日期2，孩子摔物打人时，虽然很恐怖吓人，但大人想办法保障彼此安全，保持冷静，坚持不给手机（无好处），以后孩子要求未满足时不一定会继续摔物打人（行为B2），可能会想别的办法。

哪个办法奏效，孩子就会重复使用这个办法。所以如果希望孩子避免重复一些不良行为，就一定要坚守底线，不要让这些不良的招奏效。很多时候,当大人说"没有办法,不可能不答应孩子",大概率其实并未到"没有办法"这一步。只是实施因果关系难度太大了,家长为了眼前的息事宁人,而选择了放弃。

通常来说,真到束手无策那一步,是涉及人身安全的时候。如果家长觉得实施因果管理,青少年会情绪激动到以死相逼的程度,那么不建议家长自行处理,建议及时就医,依靠医学方法帮助重回正轨。

因此,不要有理由,不要有借口,只要能保证人身安全,并且确保因果逻辑恰当,请排除万难,严格遵守因果逻辑,不要轻易推翻。

我们在前四步逐渐建立起来的行为合同,包括家庭规则,以及对应的福利特权和适当惩罚,实质上就是符合因果逻辑。因此这一步,只是希望能说服各位家长,坚持遵守。以下是我继续说服各位家长,遵守因果逻辑重要性的理由。需要注意的是,这只是我说服各位家长的理由,家长心领神会即可,家长无须向孩子事无巨细地解释这些理由。

1. 因果逻辑实际可以促进内在动力

青少年不愿意轻易听从大人的指令,但是当他发现,只有通过合作,才能得到想要的好处、福利、权限时,慢慢地,会配合指令去完成一些任务,成为他内在的动力,成为习惯。

2. 因果逻辑可以让孩子更好适应社会

因果逻辑实际是成人世界的运行法则,我们通过劳动获得报酬,通过配合单位、社区、社会的规则而获得应有的福利。这样要求青少年,是为他们的成人生活做好准备。无论在家是否遵守因果逻辑,当孩子进入社会后,社会是遵守因果逻辑的。

3. 因果逻辑可帮助解决某些亲子冲突

一方面青少年认为家长理所当然地抚养他们，不仅照顾衣食住行，还要满足各种需求愿望；另一方面青少年又觉得自己长大了，可以不用配合大人的指令。同理，一方面家长认为孩子理所当然去配合一些要求，无须给予报酬，因为这是为了他们好，最常见的如完成学业；另一方面家长又觉得应该把最好的都给自己的孩子，又不是满足不起。这种模式会让亲子双方都觉得很委屈，容易造成冲突。

因果逻辑提供了一种模式，大人对待青少年的方式更为尊重，尊重他们的付出和劳动，青少年用自己的付出达成自己的愿望，他们也会更尊重自己的付出，更尊重大人。

在明白了因果逻辑的重要性，以及下决心实施好因果管理之后，怎么实施恰当就成了当务之急。各位家长可以回忆一下，过去几周行为合同的执行情况，看看还存在哪些问题需要解决，以便使得行为合同发挥更好的效果。

在这里，我想举一个看过的影视剧片段，各位家长可以分析下问题出在哪儿。

大致情节：事先家庭说好了，青少年在期末考到85分，全家就去周边古镇旅游。考分出来了，只有84分。父亲替孩子说情，表示84分和85分差不多，好不容易放假，而且大人自己也很想去这个古镇玩，旅游计划都做了很久，还是去吧。母亲表示，既然是提前说好的规则，那就应该遵守。下次考到85分再去古镇也不迟，这次可以先在附近的景点玩玩。青少年觉得委屈，偷偷求父亲想办法，父亲于是偷偷将一题的答案改对了，表示是老师批错了。

母亲顶不住压力,最终全家欢天喜地地出门旅游了。

这个故事乍一看,是不是觉得父亲更通情达理,因为父亲包容、理解、通融,所以全家其乐融融,大家都心想事成。反观母亲,似乎因为坚持到底,搞得大家都不开心。

慢!请大家仔细想想,同类的事情反复出现,最终孩子进入社会后,是按照父亲的逻辑,还是母亲的逻辑,哪个会帮助他生活得更好?以后离目标一步之遥时,是软磨硬泡,投机取巧,以满足自己心愿为主,这样好?还是,虽有遗憾沮丧但心甘情愿地接受,下次再奋发努力,更好?

相信大家心里都有答案了。接下来帮大家捋一捋在实施因果管理的过程中,可能需要面对的阻碍以及解决办法。

1. 做好准备

实际上,如果前四步都能细心阅读,仔细操作的话,很大程度上是能避免问题产生的。如果问题产生,实施不顺利,那么请及时核对每一个环节,看是否有哪里出了纰漏。例如:

—— 设定目标是否合适?考虑青少年当前实际的水平了吗?有没有好高骛远?

—— 行为合同坚持实施了吗?还是经常以各种借口而未实施?当然,合约并非一成不变,有时候确实是有理由停止的。比如目标已经达成,即青少年不需要奖励就能自觉完成任务;或者生活的自然转变,比如进入高中转成住读等。否则行为合同应该坚持实施,至少1个月观察收效,3—4个月开始逐渐可能成为习惯。

—— 福利超市是否合适?青少年是否有动力?不通过行为

合同是否有机会获得福利？福利和行为是否匹配？有没有预先透支的情况，即未达到合同标准就预先给了福利？

2. 及时告知

青少年相比儿童阶段，具备更多的自主权，虽然仍需家长的引导教导，但同样需要家长的尊重。如果家长的原因，使合同不能如约定实施，那么可以提供其他方式的补偿，即便一个真诚的道歉也是可以的。比如，行为合同里，青少年累积到3 000分想兑换这周日去看艺术展，但你忘记了给她预约，临时也约不上。一方面为你没有记住这件事表示歉意，另一方面可以先当天选择一个无须支付积分的小活动作为补偿。"人非圣贤，孰能无过"，不用担心承认自己的失误会损害权威，也避免继续扮演武断的家长。找到与青少年相处时，家长和孩子的力量平衡，尽管这确实很难。

3. 保持一致

这一点反复多次强调，因为太重要了。人物保持一致，包括父母和祖父母，任何一个孩子身边的大人不履行合同都会影响其效果。如果你发现抚养者很难保持一致，请寻找一下原因：工作安排是否让你们很难保持一致的监管，如何协调？你们对于行为规则的理念是否一致，请避开孩子讨论以达成统一。是否其中一方负担管理和监督的任务过重了，导致一个红脸一个白脸，反而影响所有家长的权威感，如果可以的话，请尽可能确保分工合作的均等性。

跨人物、跨时间、跨场景均需要保持一致。如果难以做到这一点，那么看上去"坚持"了很久也很难收效。避免因为任何情况去动摇建立的因果关系，否则青少年很快就知道，哪个人是漏洞，哪个理由是借口,然后会通过钻空子、找借口去规避规则。避免希望通过唠叨、说理、训斥让青少年改变行为,而是靠切实实施的行为结果来改变行为。

4. 落笔为实

每一步骤后面的练习单都不是摆设,是需要大家白纸黑字记录下来,大家都清楚地看到,避免空口无凭从而产生争论。养成记录每天积累和消费分数,以及剩余总分的习惯。分数记录最好由双方一起进行,且记录本需要放在孩子接触不到的地方,避免提供给孩子作弊的机会,不要考验这一点。即便是采取金钱工资的形式,也仍然建议保持记录,这样才能看到真实的变化。也可以采用电子版本的记录表单,但更推荐纸版的。可以选择不同颜色的记号笔来记录。想象成青少年的财务清单。

5. 保持新鲜

福利特权的项目请保持新鲜和有趣。家长需要留意孩子新的喜好和兴趣点,紧跟孩子的潮流,从而找到最吸引孩子的新福利项目。行为合同避免频繁变化,但是福利项目可以及时上新。保持青少年赚分的动力是很重要的。设身处地想一下,如果你自己没有任何消费的动力,你也会缺乏赚钱的动力。

6. 坚持不懈

如果行为合同的制定和实施都没有问题,剩下的就是坚持。记得表扬青少年每天对合同的配合。但如果青少年显得不在乎、不配合,怎么办?答案是"继续坚持下去"。

当青少年坚称不在乎时,只要你温和而坚定地坚持,其实能很快察觉到,他其实是在意的。青少年是特别的,他们出于自尊有时候拒绝配合大人来获得恩惠,这看上去显得非常顽固。但这不代表他们真的不在意,只要你能坚持,他就知道你不是在开玩笑,如果他们还想拥有平板电脑,还想拥有手机,他们就需要先配合你。但是!你需要先确信,你的要求对于孩子来说是适切的,并不过分苛刻;你的福利对于孩子来说是诱人的;孩子如果没有达到要求,你是能够保证不给福利的。

7. 定期回顾

抚养者们需要定期坐下来,回顾一下计划的进展情况。青少年是会钻空子的,因此我们的要求、福利,随着执行中出现的纰漏,要及时补充说明清楚。例如"打扫干净屋子",可能孩子和大人的标准并不一样。可以设定每两周的生效时间,每隔两周在家庭会议上进行评估和讨论,以便修改一些细节。无论家长还是孩子觉得合同不合理的话,也不至于放弃,毕竟两周后还有修订的机会。

8. 成为习惯

也许现在你还做不到,但只要你坚持实施够久,构思行为合同会成为你自己的习惯。当你在面对青春期孩子的时候,能够自主地随时构思出合适的行为合同,这样能够帮助青少年更好地产生更配合的行为模式。

例如,"如果我们今天去商场,你能够坚持 4 个小时不吵闹买自己东西的话,离开商场时,我会给你 20 元的自由消费",就比到达商场孩子吵闹要买东西时对她"禁足一个星期"要合适得多。

9. 按需更新

青少年的行为合同,在一段时间里最多不超过 10 个项目。实际上,在刚开始尝试时,建议从 4—5 个项目试起,避免太多太杂。等家长琢磨透了如何实施行为合同,再逐渐增加要求。行为合同中,任何一个目标在稳定(3 个月以上)之前,避免替换为新的目标,否则会危害合同的效力。

本步骤作业：行为合同

可参考之前步骤的合同格式，也可自行定制，在这一步需要完善家庭的行为合同，并且做到：

1. 白纸黑字写下来，贴在醒目的位置。避免青少年或家长"忘记"，也避免家长为了"提醒"孩子而不断地念叨。

2. 每天固定时间结算分数或工资，如果总是在回忆挣取、消费方面存在争议的话，可以在每次分数或工资发生变化的时候，及时记录在随身携带的小本上或手机上，等到固定时间再一起结算。

3. 每两周一次家庭会议，回顾行为合同，并做出必要的修订。

4. 福利超市可以根据孩子的需求做出上架和下架的变化，家长需要对商品的价格做出恰当的估计。

5. 记住因果逻辑的重要性。温和坚定地实施行为合同，别找理由，别怕麻烦，否则形同虚设。

第三章
五步扩展

经过前面章节的五个基本步骤,家长学会按照因果逻辑和青少年相处后,亲子关系逐渐开始融洽,青少年学会如何去配合大人的要求,如何协调自己个体的想法和大人的需求,学会求同存异。在这种情况下,我们可以继续进行接下来的五个扩展步骤,帮助青少年培养学业管理、情绪管理、沟通技巧、问题解决和调整认知的能力。

第一节　学　业　管　理

有的青少年对抗主要体现在家庭内部,他们在学校老师和其他大人面前表现还好。这种情况下,青少年多半能自主配合完成学业任务,家长主要调整好亲子互动方式即可,避免过于苛责孩子的学业表现,减小孩子叛逆的范围。但有的青少年对抗行为已经扩展到了学校,影响到其在校行为表现和学业成绩,那么这一课的内容就更需要好好执行。

孩子的学业成就对于中国家庭而言,是相当重要的一件事。

儿童期孩子的学业需要家长更多辅助督促和安排规划，逐渐进入青春期后，变化就会非常明显。如果孩子逐渐形成的观点是"我如果非坚持不学，大人拿我也没辙"，那么就很难办了。因为事实确实如此，孩子如果坚持不学习，甚至不上学，大人是一点办法也没有的。作为大人，试图说服孩子所谓的"将来找不到好工作，会吃苦"等理由，基本苍白无力。因此，家长在督促学业的时候，采取的方法，传递的观点，更多应该是"学习是你应该完成的任务"，未必非要孩子承认"学习是为了自己好"，也避免让孩子觉得"我是被逼无奈为大人而学的"。

具体说到青春期，如果青少年尚未完全养成能够独立管理好自己学业任务的习惯，那么大人该如何督促才是比较合适的呢？

学业完成同样是一个行为，因此将学业方面具体的行为要求设置为目标，按照之前的基础步骤那样，拟成行为合同即可。在这里需要注意两点：要求的优先级别和适当程度。

1. 要求的优先级别

有时候大人会希望一下子达成最终目标，比如孩子自觉主动地完成作业，不需要家长反复催促；同时完成的时候不拖沓，能早点完成作业从而早点休息，不影响睡眠；且兼顾质量，不能敷衍了事，应该正确率高，还得字迹工整；以及坐姿端正，不要影响姿态等。

发现了吗？很多时候家长自认为的简单要求"好好写作业"，实际上包含了很多个亚目标。眉毛胡子一把抓，最后容易导致就算青少年好不容易做到了其中一两条，也会因为没做到其他的三四五条而被抱怨批评，从而导致抵触情绪越来越重。

因此，请减少要求的数量，最好就保持单纯的一两个学业方面的要求，待长时间稳定地做到了，变成了孩子的习惯之后，再追加新的要求。那么先从哪些学业要求开始做起呢？这就需要确定好要求的优先级别。一般建议先要求最基本、最基础的，逐渐再叠加精益求精的要求。

可以参考以下优先级别：首先是在适当提醒下完成学校作业，然后是能够无须提醒自觉独立写完学校作业（不要求完成时间、正确率和字迹），接着是要求按时完成学校作业（增加时间要求），继而可以在此基础上叠加完成的正确率、字迹工整、坐姿端正、握笔姿势等，最后可以在较好地完成学校作业之余，鼓励继续完成（一定量的）校外作业。

这么分析下来，家长应该能够明白这不是一个短期可以达成的过程，欲速则不达。

2. 要求的适当程度

只有难度合适，孩子才愿意努力挑战。难度太低的目标，时间久了孩子会感到枯燥无趣，且故步自封，难以进步；难度太高的目标，孩子容易感到挫败和累，且很容易想要放弃。

难度水平需贴近青少年**当前、实际的水平，可以稍微提高一点**。很多家长的"我的目标不高啊"是基于从大人角度去对青少年预判的目标，并非青少年当前、实际的水平。例如"他们同学都可以……""如果他好好做就可以……"，这些都不是青少年当下、实际发挥的、自己的真实水平，不能用作参考。

因此，建议家长观察一段时间，比如一两周青少年在学业上的真实完成情况，再提高一点点，注意提高的幅度不能太大，否则青少年很可能感到困难而放弃。例如,作业只能完成30%,那么目标可以定在完成50%的作业;作业通常4个小时才能磨蹭完成,那么目标可以定在3个半小时内完成。

要求目标和程度都制定适当之后,仍然需要有赖于实施好前面课程中介绍的因果逻辑、奖惩体系来促进青少年配合,否则仍是一纸空谈。

除了在家完成家庭作业的表现,其他学业相关的行为,哪怕一些在校的行为,只要设置合理,都可以写进行为合同里。但注意行为合同总体的目标数量要控制好,一开始尽量保持在5个以内。其中,学校有关行为尽量控制在2个以内,可能老师反馈的问题很多,但贪多嚼不烂,且对在校行为的掌控度不如在家行为。

如果行为合同涉及在校的行为表现,那么需要建立一个家校联络系统,以便能够记录和反馈青少年的在校表现。行为目标需要有的放矢,以老师和家长均认为是当前比较重要的、首先要调整的行为为主。并且,只是提出问题没有用,还需要提出有建设性的、可改善的要求。最常见的青少年在校行为问题和相应要求可以参考以下几个方面:

1. 声称老师没有布置作业但其实是个谎言

请老师或学习伙伴将每天的作业清单发给你,确保准确无误。设置行为目标为"准确记录并汇报作业量",如果青少年自己汇报的情况和他人给予的清单相符,那么可以发放奖赏。

2. 声称"忘记"将作业相关材料带回家

建议青少年在放学时与学习伙伴进行对照,检查自己的作业材料是否准备齐全,如果回到家发现遗漏,则向附近的同学借资料。设置初级行为目标"与同学对照所需的作业材料",高级行为目标"记得带回家完成作业所需的所有材料"。

3. 坚持说已写完作业但老师反馈并非如此

专门请老师填写作业完成情况记录单,或者每天询问老师孩子作业的完成度,设置行为目标"完成所有的家庭作业",先不强调准确度和字迹工整等其他要求,先仅仅要求完成所有的作业。如果目前完成度很低,例如只有30%,那么可以先设置初级行为目标为"完成50%的作业任务"。

4. 总说"待会儿就做作业"但没有行动

进入青春期后,按理说不再需要家长帮助规划具体的作业完成时间,除非青少年需要你的帮助,因为过于细节的规划,会让他们感到被控制,滋生抵触情绪。因此,约定一个你们认为合适的作业最终完成时间点即可。这个时间点既不能太晚,以免影响休息,也要考虑青少年当前的实际能力水平。例如,设置行为目标为"晚上10点前完成所有的校内作业",在这个时间点前完成则获得积分,拖延太久或不能完成则冻结计分。

5. 考试前拒绝完成更多的复习任务

这个要分情况。如果青少年平时完成学校布置的任务仍存在困难的话,那么暂时避免追加更多的学习任务,哪怕是备战考试。如果平时任务完成没有困难的话,那么设置行为目标为备考期间"完成半小时额外的复习任务",可以获得相应的奖赏。

在设置学校行为目标时,还要留心以下细节。

1. 判断标准

行为目标尽量有一定的客观评价标准。比如上面提到的,有客观的量、时间节点,就比较好判断是否做到了。但有一些目标可能缺乏客观标准,这时候,如果青少年配合,那么以老师最终的主观判断为准,比如"保持文明礼貌地交流""遵守课堂纪律规范"。如果青少年经常就老师的判断争辩的话,最好还是采用客观的判断指标,比如"与人说话保持文明,没有出现脏话""课堂上说话前均举手示意"等。

2. 能够反馈

选定的目标行为是老师愿意并且能够帮助监察和反馈的。建议家长做好家校联络系统的表格,在老师眼里看上去越简单易操作越好,这样老师反馈的概率更高。当然也可以做成简单易选的电子版,通过微信等电子方式让老师反馈。最佳的反馈方式是每天一次,如果老师很为难,那么尽量保持一周一次。如果每个科目的表现差别很大,那么需要每个科目老师帮忙反馈。否则只需要班主任老师或者生活老师汇总做一个反馈即可。需要注意的是,青少年可能在这个环节投机取巧,比如声称老师忘了评价或者擅自修改老师的评价,如果有此端倪的话,家长在初期可能需要亲自与老师交流获得反馈。

3. 老师表扬

对于青少年而言,有时候老师的表扬比家里的福利更加重要。但老师又不能在整个班级中显得对某一个学生"特殊"照顾,因此家长可以和老师商量一些力所能及的额外正反馈,比如将"感谢你友好地参与课堂讨论"纸条放在学生桌上,给学生一个微笑或拍拍肩膀,帮助老师搬送一些资料,打电话给学生表扬他,给他带领小组讨论或代表小组发言的机会等。

最后，需要提醒的一点是，不知道家长是否注意到了，本步骤讨论的均是在校或学业相关的"行为"，所针对的行为是可以设置目标、帮助孩子逐渐达到的，本步骤举例中没有出现"成绩"的要求，因为成绩受很多因素影响，不像行为目标一样可控。

青少年的学业问题可能不仅仅源于对抗，其他的因素，比如在小学基础欠佳，学习能力不足，师生关系、同学关系欠和睦，这些也可能影响到孩子在学校的行为和学业表现，因此需要循序渐进，逐一改善，且尽量为孩子争取学校更多的支持和理解。始终记得，目标应该是改善行为，而非改善成绩。

本步骤作业1：作业合同

在家庭行为合同中加入恰当的学业相关行为目标，如果之前已经涉及，则根据优先级和青少年当前实际水平修订为恰当的目标要求。如果之前未涉及且合同中条目较多，则召开家庭会议，根据整体行为的优先级判断是否需要替换一些行为目标为学业相关目标。

本步骤作业2：家校联络系统

根据此前老师反馈的情况，整理青少年目前在校的、有待改善的行为。召开家庭会议，根据青少年目前在校问题行为，判断优先级，挑选1—3个加入目前的行为合同中。同时需要讨论如何与老师联系，通过怎样的方式配合，建立合适的家校联络系统。

学校行为合同也可以设置一个单独的奖励机制，比如五天当中有四天达到了某个学校行为目标，周末可以额外获得一定的积分。

家校联络系统

_____的学校行为目标			星期一
1.	是	不确定	否
2.	是	不确定	否
3.	是	不确定	否
老师签名：			
每一条学校行为目标对应_____分			

_____的学校行为目标			星期二
1.	是	不确定	否
2.	是	不确定	否
3.	是	不确定	否
老师签名：			
每一条学校行为目标对应_____分			

_____的学校行为目标			星期三
1.	是	不确定	否
2.	是	不确定	否
3.	是	不确定	否
老师签名：			
每一条学校行为目标对应_____分			

_____的学校行为目标			星期四
1.	是	不确定	否
2.	是	不确定	否
3.	是	不确定	否
老师签名：			
每一条学校行为目标对应_____分			

_____的学校行为目标			星期五
1.	是	不确定	否
2.	是	不确定	否
3.	是	不确定	否
老师签名：			
每一条学校行为目标对应_____分			

周末奖励：一周中有4天达到了目标	可以额外获得
1.	
2.	
3.	

第二节　情绪管理

从儿童期到青春期后，情绪方面带来的问题会逐渐增多。在讨论如何改善情绪之前，需要花点篇幅让家长更好地了解下情绪。原因还是那八个字——"知己知彼，百战百胜"。家长对青少年的情绪状况容易存在如下几个误区。

1. 青少年不开心是不是就是抑郁了？

我们曾经做过一个小调查，因情绪问题来咨询的儿童青少年中，真正达到疾病程度，包括抑郁症或焦虑症，仅占四分之一。也就是说，当观察到孩子出现情绪问题时，避免急于扣抑郁症的帽子，因为大概率不会是。但是，也不要掉以轻心，因为存在情绪问题的青少年，哪怕尚未达到疾病诊断，他们遭遇的压力和困扰也并不小，及时疏导，避免进一步发展，很重要。

同样在这个调查中发现，所谓遭遇"情绪问题"的儿童青少年中，有三分之一符合注意缺陷多动障碍（俗称"多动症"，英文缩写为ADHD）的诊断。为什么注意力不集中的孩子会呈现明显的情绪相关问题？因为ADHD影响个体的执行功能，包括情绪自我调控的能力，所以ADHD到了青春期迁延不愈，容易合并情绪失调，而表现为情绪不稳定。另一个ADHD容易合并的问题就是对立违抗，其中一项症状就是易怒。这也是为什么《培养注意力的心理学》这本针对注意力改善的书中，会用第四章专门讲述调节心情，保持平静。

家长如何能稍微区分下，孩子目前的"情绪问题"，更多是因为孩子自己遭受抑郁、焦虑这些负性情绪的困扰，还是因为情绪失调以及与大人之间对抗所导致的？

可以看看青少年在从事自己喜欢的事情时心情如何。青少年真正遭遇情绪问题的时候，比如抑郁明显的时候，会缺乏兴致，对以前感兴趣的活动也失去了兴趣，不愿做，或者做的时候也没那么开心。而如果是情绪失调或者对立违抗的话，那么青少年在心满意足的时候，心情是良好的。比如和朋友网聊、听喜欢的音乐、刷短视频、玩电子游戏等，自由自在，心情倍好。但是一旦要求其从事不乐意的事情，比如学习，或者其心愿没有满足，比如游戏玩输了，或者手机被没收了，就会表现出各种情绪失控的样子，如发脾气、烦躁、难过等。

2. 孩子不愁吃喝玩乐，为何会不开心？

曾经一位家长，面对哭泣的青少年，疑惑中带点不耐烦地诘问："我把你照顾得那么好，要什么好吃的、好喝的、好穿的都答应你，也不管你学习，你有什么可不开心的？"青少年一听，哭得更凶了，感觉更委屈。家长也觉得委屈。

实际上，就此我们也做过调查，发现家长能很好地识别出孩子焦虑的情绪，比如孩子担心考试，担心人际关系，担心健康，显得心事重重，忧心忡忡，家长很容易识别出来。然而，孩子的抑郁情绪，家长很难感同身受。可能的原因之一是，抑郁这种情绪比较内在化，通俗地说，就是说不出明显的理由。就此来看，家长也不用总逼问孩子不开心的原因，因为有时候，确实没有具体的原因，这与孩子对周遭事物以及自身的认知，也有密切关系。

3. 孩子的负性情绪，大人都应该理解包容？

很多时候，孩子一烦一闹一不开心，家长就马上表示感同身受，同意附和，认为这是在共情或理解孩子。比如，孩子回来说"同学故意针对我，老师也故意偏袒他们，气死我了，我明天一定去报复回来"，家长认可"总有不讲理的人，你不要跟他们一般计较，自己开心点，你明天就算报复成功了，回头他们更针对你，划不来"。乍一看似乎是在理解和共情孩子，但实际上，你同意甚至强化了孩子认为同学和老师在针对自己的想法，而如果一直揣着这种想法，又如何能和睦相处呢？

所以，我们要做个区分，在孩子的负性情绪面前，容纳什么，不容纳什么。

记住，容纳情绪本身，而避免过分容纳产生这个情绪不合适的理由，以及处理这个情绪不合适的方式。

依旧是上面的例子，容纳孩子生气的情绪，避免简单地让他"开心点，不要生气"，而是表示你看到了且容纳了，"你上去很生气的样子，你这么想的话，确实让自己很生气呢"。

产生这个情绪的理由是什么？孩子觉得"老师同学都针对我"，大部分时候，事实并非如此，这样去推测别人，也不利于维持友善的关系。所以这是一个无益的负性理由，应避免过分容纳。因此可以在青少年情绪平息后，尝试引导"有没有别的可能性，导致同学这样对你？""老师这样处理看上去有些不公平，但有没有别的可能性，老师需要这样做？"

处理这个情绪的方式是什么？孩子想着"报复回来"，这不合适，要避免容纳。虽然上面的例子中，家长也表示了不同意，但并未提出更有建设性的方法,所以可以尝试换成这样去引导青少年,"有没有别的方法可选?有没有其他的方法能真正达到自己的目标?我相信你的目标并非只是报复,而是希望与同学们和睦相处。"

在捋顺了关于情绪的三大误区之后,接下来正式介绍四个情绪管理的技巧策略,其中一个是高级技巧,三个是基础技巧,不需要心理学专业的知识,只要日常生活中勤加练习,就能起到很好的收效。注意是**勤加练习**。知道技巧和使用技巧,到技巧能发挥作用,均是不同的事情。中间架起来的桥梁,就是日复一复地勤加练习。

考虑到情绪管理的练习是当事人本人,才能起到收效,我将这几个技巧的详细介绍和练习要求放在青少年自己阅读的部分详述(第七章第七节)。建议家长也阅读一下,因为这些技巧同样可以用来帮助成年人自己调整管理情绪,且便于家长知道该鼓励青少年练习什么,从而帮助他们提升情绪管理能力。

基础技巧1:深呼吸。

深呼吸在《培养注意力的心理学》第四章第二节有详述,这里重复强调一下要点:保持缓慢而悠长的呼吸,用腹部呼吸。

基础技巧2:合适表达。

使用"我"语句表达情绪,使用"我们"语句表达要求。

比如"我感到疲惫和着急,因为现在8点了而你的作业还没有开始写,我希望你在晚饭后能放下手机,开始写作业。"这比"你怎么还在玩手机,没有写作业,你就非得等我下班回来管你才能开始写吗?我上班已经够累了,还要为你操心。"显得更少指责和控制。

以及"我们在家吃饭的时候,放下手机"会比"你吃饭时放下手机"更容易取得青少年的配合度。

青少年的大脑并未完全发育成熟,你可以想象一下,青少年的每一个脑细胞都在求知若渴地学习着,然而他们通过什么学习呢?通过耳濡目染来学习。因此,也许你强调了很多遍"不要发脾气,好好表达",但平时生活中,你却经常吼叫训斥孩子,那么,孩子大脑学会的仍然是吼叫的方式。俗话说,言传大于身教。

基础技巧3:愉悦清单。

和青少年一起,全家人建立各自的愉悦清单。强调一下要点:有建设性的活动,既有单独也有团体的活动,操作尽量简单。

高级技巧:调整认知。

这个技巧不仅适用于青少年,也适用于大人。如果亲子关系冲突多,那么青少年和家长都需要各自调整对于亲子相处中的认知。通过"情绪五栏表"来达成,分别是事件、想法、情绪、行为和反思。

记住,无论是青少年还是大人自己,在平时心情好及放松的时候保持一定的练习频率,才能在情绪欠佳、压力大等关键时刻启用技巧,发挥作用。与其钻牛角尖,非要把事情"讨论"或"辩解"清楚,不如着手解决问题和处理情绪。关于勤学苦练的道理,我就不赘述了,相信各位家长劝说孩子学习时,也会强调勤学苦练。现在,是各位告诉自己,需要勤学苦练的时候了。

第三节 沟通技巧

扩展步骤里,实际上除了第一节"学业管理"的技巧之外,其他的技巧都是青少年和大人通用的。所以家长不仅教导青少年这些技巧策略,自己也可以勤加练习这些技巧,既提升自己的情绪管理、沟通交流和问题解决技巧,也亲身示范给孩子看如何使用这些技巧。

当然,这一节提到的沟通技巧,更多是有助于良好有效地传递信息,并非指那些所谓的"高情商话术""说服力"之类的技巧。实际上,到了青少年阶段,不太需要家长像儿童期那样具体指导太多细节的社交技巧。毕竟,社交这件事,更主要的是自洽,自己的社交方式,无论所谓的"社牛"还是"社恐",最终够用,彼此舒服,不太尴尬,就行。

关于有效的交流沟通,主要包括两个主要元素:倾听和表达。

1. 做个好的倾听者

当青少年愿意对你说时,请保持倾听。当孩子进入青春期后,很多家长抱怨孩子不愿向自己敞开心扉,而更愿意和朋友交流。很大一部分原因是,孩子在跟家长倾诉的过程中,家长会急于给建议而非纯粹倾听。

实际上这个要领在成年人交流中也是适用的,除非对方询问,否则避免轻易给建议。因为给建议的潜台词就是"你没有做好"。没人希望自己没做好,没人希望自己比你差。这并非说明孩子不需要建议,而是希望家长先学会倾听。"首先试着理解别人,然后再让别人理解自己"。

有两个小方法可以帮助家长更好地倾听而避免急于给建议。

第一个是描绘场景。当青少年讲述时,在自己脑海中描绘场景,这会帮助你更好地倾听。有时你不追问,对方会自动补充内容;有时你保持安静,对方也可能停顿下来等你发言。

第二个是做个捧哏。之前提过"嗯啊这是,原来如此"八字箴言。实际上,好的捧哏远不止这八个字,这只是一种玩笑的方式,提示家长避免喧宾夺主。好的捧哏,是能垫上话,让逗哏有机会持续表达,持续输出。

2. 做个好的表达者

诚恳地表达你的感受,避免讽刺挖苦、攻击伤害对方。当我们感到沮丧生气时,向其他人发泄负性情绪,是一种迅速的本能反应,但这种反应可能会带来伤害。

保持聚焦对方的故事本身,避免延伸出去给建议或负性评价。可以重塑对方描述的事情。例如青少年说"我太讨厌倒垃圾了,因为太脏了,如果垃圾袋漏了就特别恶心,还会弄脏我的鞋",你可以反馈"哦,倒垃圾时如果垃圾袋漏了,会弄脏你的鞋,这让你感到很讨厌",就比直接说教"所以倒垃圾之前要检查垃圾袋""拎垃圾袋时要远离身体"等建议,以及"你就是找借口不想倒垃圾""你嫌恶心,我们就不嫌了,我们还不是得倒垃圾"的挖苦反讽要好得多。

提到表达就需要重提"我"语句。用"我"开头表达自己的情绪和感受,避免用"你"开头去指责。还记得吗?这是上节提到的技巧之一,有记得练习吗?

此外,还有几个小技巧有助于改善家长和青少年的交流沟通。

1. 情绪濒临崩溃时请离开

人在生气时,情绪上去了,理智就下来了,这时候很难冷静地沟通交流和理智地处理问题,包括大人自己。因此,如果情绪濒临崩溃,很难停下来,那么就让自己先离开这个环境。前提是保证孩子是安全的。

"我过一会儿再跟你讨论这个问题。"这意味着你还需要具备两个能力,其一是识别自己情绪即将崩溃的信号;其二是拥有能够让自己情绪平复下来的方法,例如深呼吸、放松、冥想、分散注意力、调整认知等。无论多难,都请记住,你是家长,如果你都做不到,如何要求孩子做到。

2. 尝试建立固定的交流时间

有时候家长觉得青少年找自己说话的时机都不是时候,总赶着自己无暇顾及的时候说事情,等自己询问的时候又闭口不说。可以尝试在生活节奏不那么快的时候,自然地询问孩子。比如,饭快吃完的时候,一起等车的时候,晚饭后一边收拾厨房一边聊聊等。

3. 尝试学点网络流行用语

可以询问青少年当下一些流行的知识点,例如新兴的词语,流行的活动等。别害怕承认自己没听懂。当你显示出兴趣时,青少年多半是愿意解释的。而掌握了流行用语,自己也是时代的弄潮儿,何尝不可。注意别批判流行词语不具备营养,或者不好笑之类的。如果青少年能把一个新兴词语的来龙去脉表达清楚,何尝不是锻炼了表达能力。

4. 尝试延续青少年的话题

询问对方话题中更多的细节信息,帮助故事延伸,帮助青少年成为一个更好的表达者。但仍然就事论事,避免将这个技巧理解为翻旧账,或者刺探隐私。比如,青少年说"我们班一同学说将来想隐居山林,这样就没人烦自己了",这时可以通过"你们什么情况下聊到这个话题的啊"或者"你们有继续聊隐居山林做什么吗"或者"那你怎么回应他的呢"来帮助孩子延伸表达。避免问"这个同学是嫌谁烦啊"或者"你上次跟爸爸吵架了也说要隐居山林",这就变成刺探隐私和翻旧账了。

除了扩展故事的内容细节外,也可以扩展故事中的情绪因素。例如上面的例子,可以询问"哦,那你听到后是什么感受呢",青少年可能说"我觉得我们就是挺可怜的,所以才这么想要自由"。这时就可以和青少年保持情绪共鸣,即尝试和他的情绪保持匹配。但也记住上一节内容提到的,容纳情绪本身,避免容纳不合适的情绪理由和处理方式。

5. 找人搭档练习沟通技巧

和配偶、朋友一起进行角色扮演,练习前面提到的沟通技巧。很多技巧说起来容易,做起来难。比如当你需要跟青少年沟通一件事,可以提前跟别人练习一下话术和语气。有时候,家长觉得自己说得很好,但实际上,可能仍然会唠叨说理或者语气欠佳。我就曾经多次帮朋友修改她准备跟女儿交流事情的"发言稿"。当然也可以跟青少年角色扮演,相互练习沟通技巧。毕竟,当青少年掌握更好的沟通技巧时,不仅和你之间的关系,和其他人之间交流,也更受益。

本步骤作业：沟通习惯改善目标

本周召开家庭会议时，先相互总结对方良好的沟通方式，相互称赞表扬。然后提出 1—2 个最希望对方改善的不良沟通习惯，在接下来的一周里（也可以坚持更长的时间），相互监督打卡，相互督促改善，努力培养更好的沟通习惯。

比如，青少年可能存在的打断对话、心不在焉、无精打采、不予理睬、否认抵赖、大喊大叫、发怒生气、狡辩争论等情况，建议尝试调整为轮流说话、眼神接触、端坐聆听、予以回应、平静说不、正常音量、温和表达、承担责任等。

当然，家长如果存在侮辱批评、上升高度、讽刺戏谑、强制命令、埋怨咒骂、反复唠叨等情况的话，建议尝试调整为公务陈述、就事论事、客观表达、温和坚定、尊重礼貌、话不过三等新的良好沟通方式。

沟通习惯改善目标打卡

青少年的目标1：_____（简称：_____）

　　　目标2：_____（简称：_____）

爸爸的目标1：_____（简称：_____）

　　　目标2：_____（简称：_____）

妈妈的目标1：_____（简称：_____）

　　　目标2：_____（简称：_____）

		周一	周二	周三	周四	周五	周六	周日
青少年	目标1：							
	目标2：							
爸爸	目标1：							
	目标2：							
妈妈	目标1：							
	目标2：							

第四节 问题解决

这个策略的意义在于,不仅对于家长而言,是更好的解决问题的方式,同时也教会了青少年解决问题更恰当的方式。

首先,全家人可以一起创建待解决问题清单。回忆过去两周中,大人和青少年之间经常产生冲突的一些问题,针对这些问题,大家按照1—5等级分别评价冲突的激烈程度。如果家里有多个监护人,那么每个人都需要填写。其次,可以汇总出不同等级冲突的问题清单,保管好这份清单。如果你们从来没有进行过问题解决方法的话,那么建议从等级2的简单问题开始练习。如果你们已经运行这个方法很熟悉了,那么可以从等级4—5的重要问题开始解决。

选择问题的时候还要注意一个原则,即分清这个问题是"不可让步"的还是"可以协商"的,这是基础步骤中第一节的练习。只有可以协商的问题,才能让青少年加入问题解决的讨论中,且逐渐把独立权交给青少年。这样家长既避免了独裁,也避免了过分迁就孩子。

问题解决的流程和《培养注意力的心理学》第四章第四节介绍的区别不大,青少年阶段实施时,主要的区别在于评价和选择方案时,需要兼顾彼此的喜好,避免只按自己的喜好来。即避免只达成自己的愿望,也要兼顾对方的需求。对于大人和青少年来说,都一样。

准备阶段：家庭会议。

未必是很正式的会议，就是邀请青少年和家长坐下来一起讨论。确保孩子明白，你需要谈一些重要的、和他休戚相关的事情。认可孩子近段时间的配合和成长，给予充分的表扬，表示你对他承担新责任的信心和期望。希望采用成年人的方式来解决问题，帮助孩子获得更多的独立和自主权。必要的话，重申你们家庭不可让步的原则问题，这些依然一成不变地需要遵守。一般包括人身安全和学校规则相关的问题。

第一步：定义问题。

每个人用自己的话定义问题，避免相互责怪，尽量客观定义。例如"你的房间太乱了，东西从不自己收拾"不如"我对你房间东西的放置感到不太满意，食物没有及时丢弃，物品没有放回原位，衣服没有挂起"显得具体，并且避开了指责；"你们总催我写作业，烦死我了"不如"当我总是被催着写作业时会很不高兴"，这时家长对应的问题可能会是"当你不能及时启动写作业时，我们会很担心来不及完成，或者完成时间太晚影响休息和你的心情"。

第二步：头脑风暴。

每个人轮流提供自己的解决方案，越多越好。记住在这一步"不要评价解决方案"，因此允许各种天马行空不切实际的想法，无论看上去多么傻或者多么不现实，都允许这些方案的提出。保持轻松的氛围，保持大家的参与性。

第三步：评价方案。

每个人对产生的方案进行评分或者评价，分别考虑到以下方面：

—— 是否能解决问题？

—— 是否可行？

—— 代价我能接受吗？

—— 我喜欢这个方案吗？

最后可以 1—10 评分，也可以按照哭脸、平静脸、笑脸评价。

第四步：协商选择。

最终选择一个大多数人评分相对高的方案。这时请保持合理的预期，青少年肯定会选择自己喜欢的方案，并且很可能会据理力争，而孩子的理由可能在大人眼里是站不住脚的狡辩，即便如此，保持良好的交流，即公务化语气，避免讽刺挖苦，避免被激怒。这本来就是一个协商选择的过程，家长无须过分迁就顺从青少年，也无须期待青少年主动提及一个让你觉得完美的方案。

问题解决是一个非常有用的策略，无论是家长处理自己的麻烦事情，还是处理亲子互动中的困扰，都非常有效。但这个策略在刚开始练习的时候，步骤会有些烦琐，且消耗脑力，很多人容易放弃。所以，为了奖赏青少年配合完成了问题解决练习，可以在家庭会议之后大家一起出去就餐或者看部电影。当然，也可以奖励自己单独和配偶或者朋友外出小聚一下。

现在，我们就问题解决策略练习一下。举个例子：墩墩今年高一，住校。进入高中后，可能学习内容变化较大，数理化都有些跟不上，因此周末回家后，周六参加全天的补习班，周日还要额外练习一天的篮球。墩墩觉得体力和脑力都跟不上，经常抱怨打篮球耽误了学习和作业的时间，抱怨补课没有用，浪费休息的时间，搞得自己太累了。于是最近几周，墩墩无论补课还是篮球都找理由不去,躺在床上玩手机,家长一催就容易生气争吵起来。

就此,召开问题解决的家庭会议,尝试解决问题。希望家长先自己根据问题解决技巧的四个步骤琢磨一下,应该如何操作,然后再翻到本节末尾,看看示范的操作流程。

第五步:实施方案。

在协商好解决方案之后,对于具体实施阶段的细节,也需要做好提前的思考,以确保方案能顺利实施。比如:每个人各自需要做什么?什么时间什么地方去做?谁负责督促?是否需要提醒?谁负责用何种方式来提醒?用何种方式评价是否完成?遵守和违反相应的后果是什么?能否保证实施?可能会遭遇哪些困难及如何解决?

在实施一两周之后,需要回顾评价实施的情况。比如:是否实施了方案?是否解决了原本的问题,或者产生了新的问题?如果不能实施,原因在哪里,如何解决?家人之间是否存在不良沟通?相互的态度是否真诚信任,还是敌意和抵触?真实生活中是否存在不可抗拒的因素影响方案的实施?你自己是否存在一些问题干扰了实施方案?必要的话,召开家庭会议,解决这些问题,以促进方案的实施,或者讨论修订方案的细节,以促进更好地解决问题。

遇到问题,避免抱怨。因为抱怨千万遍,问题依然存在。问题的解决有赖于定义问题—产生方案—评价方案—优选方案—实施方案这个过程。将这个思路变成一种习惯,融入日常生活中。

例如当孩子在饭后突然提及想去同学家参加聚会,而他作业还没有完成,这时与其拒绝训斥,最终孩子可能摔门而去或者闷闷不乐,不如尝试"吃饭后抓紧写完作业就可以去参加聚会,可能会迟到,但至少你能到场",或者"今天吃完饭后洗碗,并把厨房收拾干净,倒垃圾,可以奖励你按时去聚会,但明天要把作业补完"。

看上去这些建议是电光火石之间就给出了,但之所以双方都能接受,是因为能给出这样建议的家长,已经将问题解决的流程练得炉火纯青了,所以能快速在心中过一遍流程,直接到达第四步,给出一个优选方案。但在此之前,尽量还是一步步多加练习。越复杂的问题,越保持耐心一步步练习。还是那句话,欲速则不达。

本步骤作业1：待解决问题清单

回忆过去两周中，大人和青少年之间经常产生冲突的一些问题，针对这些问题，大家按照1—5等级分别评价冲突的激烈程度。

本步骤作业2：问题解决沟通技巧会议记录

根据选择的问题，按照五个步骤，尝试进行问题解决，并根据实施情况，总结经验。

待解决问题清单

回忆过去两周中,大人和孩子之间经常产生冲突的一些问题。针对这些问题,大家按照1—5等级分别评价冲突的激烈程度。

交谈内容	交谈的激烈程度					
	平静 1	略紧张 2	有点生气 3	比较生气 4	很生气 5
手机/电脑的使用					
看电视/刷视频					
完成作业					
按时起床					
按时入睡					
按时上学					
回家时间					
擅自外出					
学习成绩					
在校表现					
个人卫生打理					
帮助完成家务					
交流时平静礼貌					
撒谎					
攻击他人					
自我伤害					

问题解决沟通技巧会议记录

日期:				
问题:				
序号	提议的解决方案	评 价		
		青少年	妈妈	爸爸
1				
2				
3				
4				
5				
6				
7				
8				
9				

协商结果,采取方案:

实施计划
青少年需要做到:
妈妈需要做到:
爸爸需要做到:

提醒:可能需要谁,在什么时候,给出怎样的提醒

结果
如果遵守,可以获得:
如果不遵守,则会遭到:

问题解决沟通技巧示例

日期：2022.2.2				
问题：墩墩觉得打球太累，补课没效果，不愿去，家长觉得不能放弃				
序号	提议的解决方案	评价		
		青少年	妈妈	爸爸
1	取消所有补课	9	3	1
2	取消篮球练习	10	7	5
3	取消数学补课（半天时间）	7	5	8
4	减少篮球频率（隔周一次）	6	8	10
5	继续坚持补课和练习篮球	1	10	9
6	和老师沟通减少作业	2	1	3
7	额外增加周末1小时手机	8	2	2
8				
9				

协商结果，采取方案：减少练习篮球频率，临时取消数学补课（1个月后再讨论）
实施计划 青少年需要做到：不补课和不打篮球的时候，避免使用手机。 妈妈需要做到：和补课老师协商停课的事情。 爸爸需要做到：和篮球老师协商减少训练频率。
提醒：可能需要谁，在什么时候，给出怎样的提醒 如果在家休息时使用手机超过半小时，妈妈有权暂时保管手机。
结果 如果遵守，可以获得：假期里更长的手机使用时间。 如果不遵守，则会遭到：手机被回收保管。1个月后恢复数学补课。

第五节　调整认知

认知,即我们看待世间人事的认识、知觉、思考和态度等,通俗地说,就是我们的习惯性想法。我们的想法,决定了我们会采取怎样的行动;我们的行动,会逐渐演变成自己的习惯;我们的习惯,各种组合在一起成为性格特点;而我们的性格,某种程度上决定了命运。

每个人,都会有自己的负性认知特点,一部分可能是刻在基因里的,另一部分则和从小到大的生活环境密切相关。意识到并能主动去挑战负性认知,会让自己生活得更轻松,和他人互动得更顺畅。

在此不过分发散去举例子,还是围绕家长和青少年之间的相处,帮助大家明白,不合理认知是如何影响到大家的心情和行动的。

假想以下场景:你接到了老师的电话,反馈青少年近期的情况。老师说他最近两周每一门作业都没有按时完成,昨天的考试还交了白卷。你挂了电话,发现孩子正在玩手机,而就在 10 分钟前,他刚斩钉截铁地告诉你作业都做完了,昨天考试也很顺利。他又撒谎了!你知道质问他没有意义,他会找借口推卸责任,或者当着你的面继续撒谎。你给他的建议从来不听,就知道沉迷手机游戏。

你的情绪感受是什么?(失望、生气、愤怒、难过、耻辱。)

导致这些情绪感受的想法是什么？（孩子表现太差了，再这样下去，他可能不能毕业，将来找不到工作，就此废掉了；他一点都不尊重我，从来都不听我的建议，只知道跟我对着干，白养了他这么多年，他根本不顾及我的感受，他生存的意义就是为了折磨我和羞辱我，他让我在老师面前丢尽了脸。）

如果相信这些想法，那么你会做什么？（夺走他的手机甚至可能摔掉，大声怒吼，责骂他不争气，恐吓以后不养他了。）

你的目的是什么？（希望他能自觉完成作业，考试发挥应有的水平，在学校不惹麻烦。）那么，你在上面这些情绪感受下采取的行为措施，能达到这些目的吗？（实际上，并不能！）

现在，仔细思考一下刚才的这些想法，在那一刻，可能觉得很有道理，千真万确，但是，确定都是客观事实吗？百分百客观合理吗？

检查事件中存在的不合理认知，这一步很重要。 因为如果怀揣不合理认知，就很难让我们的交流和协商有所收效，很容易在一开始就产生争执。但这一步确实非常难，因为很多时候我们难以意识到这些想法是不合理的，也就很难摆脱。

作为青少年家长，常见的不合理认知包括以下几种类型：

灾难化：觉得青少年目前的问题会导致将来灾难化的结局。例如"他现在不写作业，考试交白卷，将来找不到工作，他的人生毁了，我的人生也毁了"。

完美主义：觉得青少年每个方面都应该按照自己的想法做到，保持自己认为的好状态。例如"他应该自觉主动地完成作业，他应该考到中上的成绩水平"。

邪恶化：觉得青少年是故意激怒自己，针对自己，不尊重自己。例如"他就是故意折磨我和羞辱我,故意让我在老师面前丢脸"。

感恩说:觉得孩子是自己生养的,就应该感恩自己,从而按照自己的要求来。例如"我这么多年养育他,为什么他不听我的话呢?简直就是白养他一场,恨不得他没出生就好了"。

自觉化:觉得自己不用付出(或者当前付出是足够的),青少年就应该成长得很好。例如"我已经做得够好了,我已经够辛苦了,别人家孩子根本不需要家长这么劳心劳力"。

检验一个认知想法是否合理的方法有很多种,依据内容不同而不同。有的可以寻找到客观证据,但有的可能比较难。

可以试试,跟配偶、其他家长聊聊他们的青春期孩子,找出同年龄段青少年的行为常态。注意多和几个人聊聊,一个人的看法不能代表群体。尤其和那些比较睿智、冷静、客观的朋友多交流,他们的看法可能更有帮助。也可以回想下,自己像孩子这么大时,表现是怎样的。

可以试试,自问以下问题:我对孩子的看法是否过于绝对,过于夸张?我这样想的逻辑基础是什么?我能找到客观证据或者其他多个人的例子佐证我的想法吗?真实地来看,当下这个时刻究竟发生了什么,有多糟糕?我的这个想法,能有效帮助自己达到目标吗?

需要注意的是,青少年也存在同样的不合理认知。当我们自己学会如何调整不合理认知,才有可能帮助青少年去做出调整。要知道,青少年调整认知,会更难。因为这个年龄阶段,既不能很好地自我审视,又不愿外人指点和纠错,所以可能需要更专业的人员帮助他们调整。

识别到自己的不合理认知后,提醒自己替换为合理认知。以下是一些常见的不合理认知,和可以参考的合理认知。

不合理认知举例	合理认知举例
应该热爱学习,自觉学习	学习是一件很苦的事,很多人并不热爱学习,只要能够努力完成学习任务,就是值得鼓励的
他应该取得优秀的成绩,至少应该中上	孩子如果努力发挥应该是能不错的,但我需要客观认识和接受孩子目前的能力状态
作业是孩子自己的事情,自己应该按时完成	即便是青少年,如果存在困难的话,那么可能仍需外在督促和强化才能完成学业任务
课外时间应该用来学习,而不是用来玩乐	我会创造良好的学习氛围,以及鼓励孩子在课后时间抓紧学习,但我没办法强制要求孩子做到
考试不及格,将来找不到工作,人生就完了	确实很多机会和成绩有关,但并非绝对。我需要鼓励和督促孩子学习,但最终接纳孩子能达成的成绩状态。成绩不好确实代表了一些困难,但并非人生就此完蛋
已经这么大的人了,应该会自己收拾房间,怎么可以乱七八糟	青少年有自己的整理习惯,保持基本的整洁,不影响他生活就可以了。当然我可以示范如何收拾房间
我说一遍,孩子就应该听话行动起来	有可能孩子没听清,或者目前孩子就处在不爱听指令的阶段。我可以重复一两次,确保孩子听到了。记住唠叨是没有用的,我需要采取更有效的措施
孩子对我们大人说话,不应该如此挑衅对抗,这是不尊重	青少年阶段稍微有些顶嘴和反抗是可以理解的,但过于频繁的反驳,甚至怒吼、咒骂,是不允许的。当然我们作为大人需要示范平静的沟通方式

(续表)

不合理认知举例	合理认知举例
天天沉迷手机游戏,除了玩什么都不知道,一无是处	青少年的自控力尚未完全成熟,我需要给予合适监督,帮助管理好电子产品的使用,而不是一味依靠孩子自己,或者一味责怪孩子没有管好自己
故意气我,伤害我	冲动的青少年,容易口不择言,或者这是孩子以此达到目的的方式。也许我需要示范平静的表达方式
孩子越来越不肯搭理我,白养一场	青少年长大了,确实不太喜欢将心事和家长分享,无须强求。如果孩子想找我倾诉时,我能抽出时间陪伴和聆听,就可以了
我为孩子付出了那么多时间、精力和金钱,却没有得到半点感恩	作为父母,有责任抚养孩子。我付出的这些,应该是我心甘情愿的。如果孩子感恩我的付出,那么我会很欣慰。但我不能无原则地付出之后,指望孩子感恩。实际上我更应该教会孩子自己挣取零花钱和享乐权限

根据调整后的想法,思考应该采取什么行动。有的家长可能觉得,根据上面建议调整后的想法,似乎都是让大人避免苛责唠叨,理解接纳孩子的现状,但这并不意味着妥协和让步。我们只是需要找到对孩子恰当的督促和管理方法,从而促使孩子能在现有状态上更多努力一些。而避免因为没有达到最终的目标,去批判打压孩子甚至放弃教养孩子。我们尽力鼓励孩子追求梦想,当他们还没有尽善尽美之时,我们需要接受现实,不完美并非世界末日,也不代表孩子正在走向堕落或者故意存心激怒我们。

理解青少年目前的不足之处,学会原谅他们和自己。这并不是为孩子的行为找借口,只是让你能够理解,这可能是短时间内难以彻底消除的一个现象，需要我们的理解和关怀，更重要的是，努力去帮助孩子弥补解决这个问题，而不是一味地拒绝、责怪和攻击孩子。你可以公事公办地告诉孩子，哪些行为不理想，不被接受，但不要人身攻击。

本步骤作业 1：挑战不合理预期

观察自己和青少年相处不和睦的时刻，当时自己的想法是什么，检验其合理性。如果不合理，那么尝试挑战一下既往固有的、习惯的不合理信念，替换为新的、合适的合理信念。

挑战不合理预期

自问以下问题：

—— 我对孩子的看法是否过于绝对，过于夸张？

—— 我这样想的逻辑基础是什么？

—— 我能找到客观证据或者其他多个人的例子佐证我的想法吗？

—— 真实地来看，当下这个时刻究竟发生了什么，有多糟糕？

—— 我的这个想法，能有效帮助自己达到目标吗？

我的不合理认知	我的合理认知

本步骤作业2：技巧学习情况自我评价

回顾我们讨论过的各种策略技巧，是否有印象？是否清楚是怎么回事？（如果答案为否，则需要翻回去复习。）是否保持使用和练习？效果如何？（如果答案为否，则建议和配偶或朋友讨论，讨论影响效果的原因及对策，以及如何促进自己打卡练习。）

技巧学习情况自我评价

回顾我们讨论过的各种策略技巧，请依次勾选：

—— 是否清楚该技巧具体是指什么？

—— 使用该技巧后觉得效果如何？

序号	技　巧	清楚	不清楚	有帮助	一般	没帮助
1	青少年行为抽屉					
2	重塑价值观					
3	优质相处					
4	恰当的正反馈（表扬/夸奖/赞赏）					
5	发出有效指令					
6	公务化陈述（温和而坚定）					
7	保持眼神接触					
8	避免无效指令					
9	区分权利、礼物和福利					
10	创建福利清单					
11	创建行为合同					
12	恰当的忽视					
13	适当的惩罚					
14	坚持因果管理					
15	家校联络系统					
16	深呼吸					
17	调整认知（情绪五栏表）					
18	愉悦清单					
19	做个好的倾听者					
20	做个好的表达者					
21	问题解决技巧					
22	保持合理认知（挑战不合理认知）					

第四章
培养独立

第一节 做个教练

这本书的前半部分即将告一段落,这个章节是个重要的转折点,也是这本书和《培养注意力的心理学》最不一样的地方。如果帮助儿童培养注意力,确实家长需要承担、参与、安排得更多一些,那么到了青少年时期,他们就需要自己投入自我训练、促进成长的过程中来。因此,这本书的后半部分,是给青少年自己阅读的,自我训练执行功能,从而更好地帮助自己优化/有效安排生活和学习。

这并不意味着,家长可以放手不管了。毕竟青少年依然还是孩子,并未成年。即便成年人,哪怕再优秀的运动员,他们可以自律训练,但仍然需要教练的指导。教练从旁观察可能更客观更细致,也能给出更好的训练思路,提供训练支持。家长的角色是类似的,你从儿童期的一个老师的角色转化为青少年期教练的角色。

用中国家长最关心的学习举例子。小学时期,你可以身体力行地督促孩子作业的方方面面,帮助孩子保持理想的学习状况,但是随着孩子长大,家长就发现逐渐力不从心。我听到最多的解释就是"小时候逼一逼,还能逼得学进去,长大了就逼不动了"。

青少年之所以"逼不动",有两方面的原因:

其一,缺乏动力意愿。如果内心不想去学习,那么孩子大了肯定逼不动。对这个问题,通过前半部分建立因果逻辑管理及相关的策略,可以起到一定的收效。需要注意的是,避免总是依靠不愉快的后果,试图阻止那些不良行为。而应该更多依靠,在青少年良好行为之后,给予愉快的反馈,从而激励他们自愿、主动呈现良好行为。这里就涉及,我们对青少年良好行为的预期要合适。

其二,执行功能不足。学习,还有很多与成就相关的任务的完成,都涉及执行功能的运用。执行功能的不足可能会直接影响青少年呈现出来的行为,比如很难将远期想要的结果如考上好大学与当前的行为如写作业而非玩手机建立联系,并付诸行动。很多时候家长抱怨的"缺乏自律""缺乏责任心""对自己的行为没有担待",可能与相应执行功能不足有关。

怎么办?前面说了,靠盯孩子一样步步紧盯,代劳监管,不是个方法。因为家长没有这份精力,青少年也不再像小孩子一样受控。所以家长慢慢要转变心态,把自己想象成指导教练。教练具体该做些什么?我们参考下运动场上的教练。

首先,你们拥有共同的目标。

比如青少年可能说"我的目标是玩手机,不是写作业",你可以说"我和你一样,希望你能心满意足,我们就看看如何能获得更多玩手机的时间",然后帮助青少年建立行为与目标之间的联系,完成作业或者家务，可以获得玩手机的权限。一旦孩子慢慢适应了通过完成任务获得想要的奖赏，慢慢就可以尝试引导孩子建立更长期的愿景目标，如"考上好大学""找到好工作"，与当前行为如完成作业之间的联系。

其次，赞赏对方的配合努力。

如果对方不愿意参与训练过程，不愿意接受你的指导，那么你就没办法发挥教练的作用。当运动员没有发挥好时，教练如果只是训斥指责，或者胁迫惩罚，运动员不太会有进步。教练需要火眼金睛地识别出问题出在哪里，加强哪方面的练习可以帮助进步，这才能指导成功。

最后，发展具体的技能策略。

避免轻易认为青少年有能力只是"懒"得用而已，帮助他们发展具体的执行功能策略和技巧，毕竟这是他们最终获得独立人生的强有力武器。教练虽然以指导为主，但也要给予恰到好处的帮助，避免支持不足，也要避免代劳过度。当青少年能力逐渐发展稳定时，教练逐渐慢慢地撤退支持和帮助，直至最终孩子能独立。

因此，虽然后半本书，都是以写给青少年的口气在叙述，但同样建议家长们阅读，这相当于你们的教练手册。鼓励和支持你的孩子按照自我训练的计划逐步实施，观察这个过程中孩子遇到的困难的阻碍，给予恰当的帮助，促进青少年发展执行功能。

如果阅读过《培养注意力的心理学》，那么可能知道在第五章"执行功能影响终生"中，主要提到了儿童期执行功能训练的八个主要成分：抑制能力、工作记忆、时间管理、计划能力、灵活适应、组织条理、情感调节和社交知觉。到青少年期自我训练的执行功能成分,做了一些细微的调整。其中,时间管理这个成分在青少年阶段逐渐复杂化,关于任务启动和延长专注的两个方面单独作为一个成分拎出来训练。

此外,还有"一增一减"两个变化,增加的是反省认知,即青少年开始需要学习内省反思自己的言行举止从而做出恰当的调整。儿童期更多依赖外界,如大人的反馈,但是到了青少年期,开始需要自我觉察。减少的是社交知觉,青少年期的社交技能仍然是很重要的,但考虑到,社交更多是一种自洽的状态,所具备的能力满足自己的需求即可,无须每个青少年都成为"社牛"(即社交能力极其厉害)。如果青少年具备了较好的情绪调节、灵活适应和反省认知等能力,那么其社交功能就不会太差。

最终需要青少年自我训练的执行功能成分就包括以下十种:抑制能力、工作记忆、情绪调节、计划能力、任务启动、延长专注、时间管理、灵活适应、组织条理和反省认知。

第二节 帮助训练

关于恰到好处的帮助和指导,这里有些参考建议。

1. 具体训练哪些技能

执行功能包含诸多成分,大多数情况下,我们会有一些擅长的执行功能成分,同时有一些薄弱的成分。实际上,作为一种能力,上不封顶,因此无论是否存在不足,都不影响我们去完成自我训练和提升促进。当然,优先自我训练那些存在不足的执行功能成分,有利于取长补短。在训练章节之前,有个评估环节,可以先挑选评估中提示不够理想的执行功能来进行训练。

2. 从小问题开始尝试

建议尽量从一个很具体的小问题开始尝试,比如晚上按照计划准时上床睡觉。因为问题越具体,越容易着手制定训练方法。问题越小,解决的可能性越大,这样就能增加自我训练的信心和动力。推荐先选择能促进生活更顺利的目标,例如早上按时完成准备工作出门,这样青少年和家长都能在一天开始的时候拥有一个美好的情绪。

3. 青少年自己订计划

青少年自己制订的计划,有可能不完美,但至少孩子更有动力去实施。如果依然是大人制订训练计划和任务,青少年可能不愿配合而失败,即便他们愿意配合,那么实际上他们仍然未能独立,在这个层面上仍然失败了。青少年制订的计划,如果只是存在小瑕疵,那么建议家长调整自己的心态,先给一段时间观察青少年是否能自我觉察和调整,且积极认可他们的计划,慷慨赞扬他们的努力。如果有比较大的漏洞,比如你观察到目标好高骛远难以达成,或者计划并不符合自我训练的原理,作为家长,仍然需要提供反馈和修订的意见。就事论事地反馈即可,避免否定打击和嘲讽戏谑。

4. 提供最小程度支持

在和青少年打交道的时候,有时候,少即是多。大人介入得少,青少年往往配合度会高,这样接收的支持和帮助反而多。反之,如果介入太多,青少年抵触和拒绝,那么反而没有收效。并且,过多的帮助,只会增加青少年的依赖,而非促进独立。所以,在介入之前,要先自问,青少年确定真的需要吗?还是自己一厢情愿而已?有一些小策略可以帮助家长减少帮助和介入程度,比如避免重复言语提醒,同样的话不用说三遍以上,如果说了两三遍还没反应,多半是青少年不想理睬而非没听见。且重复多遍,家长自己也很难保持良好的情绪,多半会开始懊恼责备孩子。可以尝试用青少年更受用、更不抵触的方式提醒,比如留言,用他喜欢的留言条,夹在他喜欢的留言夹上。

5. 如何对待拒绝训练

如果孩子拒绝阅读本书后半部分的内容,或者阅读后拒绝自我训练任何技能,做好心理准备,这种情况是可能会发生的,那么别放弃,别退缩。可以尝试用下一节的内容,判断孩子动机缺失可能的原因,然后对症处理。这时候也可以采取因果逻辑来促进孩子练习,可以把家庭规则中的一条设定为"每天阅读和完成自我训练至少15分钟"。也可以把目前孩子最喜欢的某个特权,和自我训练建立直接的因果关系,给孩子一个努力的理由。比如,如果暑假之前完成了每天15分钟的自我训练,暑假你可以和最好的朋友去迪士尼玩一整天。如果这些方法都不起作用,那么你可能需要考虑外援,即寻求专业人员的帮助。

第三节 判断动机

青少年的动机根据是否承认目前的问题和对解决问题的配合

程度，大概可以分为四种。每种类型的表现形式和家长的应对方法，列在下面表格中。

类型	青少年表现	核心策略	具体应对技巧
依赖型	承认问题，家长说什么都表示认可，但缺乏改变动机，声称"我也不知道怎么办"，依赖家长解决。	支架教学	给予青少年最低需求的支持帮助其达成目标。一旦帮助太多则变成代劳，孩子会养成依赖的习惯，最后如果解决不顺利，可能还反过来责怪家长。也可以帮助调整任务的难度，使其至少看上去不那么难，在青少年的可应对范围内，同时使奖赏看上去更有吸引力。
推卸型	承认问题，不会正面抵触家长提出的要求，但缺乏实际的配合行动，常反问"我做了有什么好处"，缺乏自主性。	因果逻辑	建立好家庭合同机制，奖赏物根据青少年的需求合理设置，具备一定的吸引力。按照事先约定好的行为合同执行。先有好行为，再有奖赏物。避免因为青少年勒索就临时增加"好处"，更要避免先给"好处"以哄求青少年做到什么。
抵触型	承认问题，但拒绝配合家长的要求，表示"自己处理，不要你管"，可能缺乏有效改变的行动。	沟通策略	按照青少年行为抽屉，对于非原则性、可协商的事情，让其自行处理，事后就事论事讨论处理方法的利弊。避免一味说教，避免"我早就跟你说过……"。而对于原则性的不可协商的事情，温和而坚定地给出指导建议。
拒绝型	拒绝承认问题，甚至觉得是家长有问题，拒绝配合家长提出的建议和想法。	福利特权	这个类型的亲子关系可能相对更紧张，青少年对立违抗的表现通常更加突出。避免与孩子陷入谁对谁错的争辩，这是没有结果的。家长尽可能收回能掌控的福利，向青少年传递的信息是，你只有"先"做到什么，"再"得到什么。

第四节 过渡转变

青少年是一个从儿童期到成人期之间的桥梁,作为父母,需要在有限的时间内帮助孩子为这个重大转变做好准备。然而,经常父母在青春期仅仅感受到了孩子的对抗,自己在"管"(觉得青少年这不行那不行,还需要管)与"不管"(青少年不服管、不让管,家长只能认怂不管)之间徘徊,突然就迎来了孩子的成年。

一旦成年,法律上来讲,他们就可以独立做决策了,且迈入大学或工作的生活,更加宣布了他们的独立。这时候,无论他们是否准备好,他们都得迎接独立的生活,无论是经济、教育、情感、关系……均是如此。这时,有的家长可能心情就很忐忑了,因为如果你明知孩子还存在诸多执行功能缺陷的话,那么你是很难放心他会自己打造一个令人放心的独立生活的,就更别提具备发展的、获得成就的人生了。

随着孩子彻底成年,家长就更加鞭长莫及。实际上,从青春期开始,孩子同伴和老师的影响可能就逐渐大于父母的影响。而成年期后,年轻人的大学同学或工作同事,对他们的影响进一步扩大。

因此,家长需要在教养效力还在的情况下,积极抓住这个时间段。青少年阶段,避免过早放手,遇到孩子抵触就认怂不管;也要避免像儿童期那样管得事无巨细。根据青少年的情况,逐渐地放手,放手的标准是根据青少年目前是否能独立完成这件事,而不是根据青少年愿不愿意配合。

用电子产品使用举例。按理说,如果小学阶段习惯养成没问题的话,那么在青少年阶段,他们应该知道根据今天的作业,只能玩多久的手机,到点就应该放下手机去写作业。当然最理想的情况是,知道先写作业然后再用手机。这两种情况,家长只需时不时检查一下,青少年作业是否如期完成和上交,晚上是否按时上床睡觉,具体的手机使用,可以给点自由度。

如果青少年一旦使用手机,就放不下来,会影响作业的完成时间,甚至有时完不成,那么就不能给予使用手机的自由权限,而是应该写完作业才能领到手机,睡觉时间上交手机。这时候就避免听信青少年或这或那的理由而给予手机自由支配权,因为事实证明,他还没有足够的能力自由支配。

如果孩子不能配合上述规定,总是偷拿手机,或者向老人索取手机,或者谎称完成作业,或者作业完成质量很差,那么就可以把使用手机放进福利超市,把完成作业的时间和质量放进家庭规则,把说谎和偷拿手机放进惩罚行为里。严格用行为合同管理孩子不合理地使用手机。

同理,青少年是否可以关上自己房门,这个自由度该如何逐渐给?思考一下答案。始终记住的是,青少年的独立自由权限不是靠说服或纠缠得来的,而是应该靠自己的实际行为得来的。

青少年阅读

促进亲子关系的心理学

Psychology of Enhancing
Parent-Child Relationships

帅澜 / 著

十步自我训练执行功能

上海社会科学院出版社
SHANGHAI ACADEMY OF SOCIAL SCIENCES PRESS

第二部分

十步自我训练执行功能
（青少年阅读）

第五章
寻找动力

不少青少年觉得"爸妈不好",网络上甚至有"父母皆祸害"的讨论小组。虽然我们承认,原生家庭对每个人的影响很大,但长大后,我们自己就是自己的原生家庭,我们要为自己的人生负责。人无完人,原生家庭不可能是自己梦想中的那样,又有才又有矿,通情达理,助人腾达。实际上,父母给子女提供的必要条件,比大家想象中的少。无非就是让你吃饱(并非吃得倍儿爽),让你穿暖(并非穿得特好看),保证你的安全和健康,以及给你提供学习的机会。就算退一万步,你的父母真的如你所说,比如脾气不好,或者缺乏良好的教养方式,那么你反而更加需要努力变得更好。如果一方面埋怨家长不好,一方面自己用更不好的方式对待他们,那么,用别人的错误惩罚自己,多划不来。

有的青少年可能觉得,我现在自己过得挺好的,就算我只想刷刷视频聊聊天,打打游戏发发呆,只要过得开心,有什么不可以。大人总跟我说将来,我并不关心,"今朝有酒今朝醉,明日愁来明日愁"。

事实是否真的如大家所想?不如我们来玩个游戏。相信大家都看过电影,我们假设一下,十年后,你打开一个影视网站,看到了一部名为《关于××的故事》的电影,你可以给这部电影的主人公取一个自己喜欢的名字。

故事开头讲的是一个小孩子的童年故事,你刚开始看,就觉得很有共鸣。这时可以闭上眼睛,假想一下这部电影的画面。这个小孩是怎样的,发生了什么让你印象深刻的剧情,从而产生了深深的共鸣,甚至让你感叹"哎呀,他简直就跟我小时候一模一样"。

接下来故事继续发展,小孩长大了,而他的经历,跟你现在的处境,惊人地相似。再次闭上眼睛,假想电影的画面。这个长大的青少年,和你的外貌和性格惊人地相似,家庭和学校也如出一辙。仔细感受下故事中他的经历和遭遇,可能有烦恼,有困惑,有时还有悲伤,也有愤怒。以至于某一刻你可能不想再继续看下去了,然而,仔细想想,实际上也有一些好的事情发生,并且自己希望有更多、更好的事情发生。你觉得,会有什么样的契机,让这个青少年的经历朝着你希望的方向发展呢?

电影即将播放结束,你希望最后看到的画面是什么?你希望主人公后来发生怎样的故事?自己先想一会儿,然后看看下面的问题,因为这是我关心的主人公长大后的情况。

——请问主人公将来谋生的方式是什么?(比如在怎样的公司/单位?从事什么样的职业?)你觉得自己将来从事这类职业的可能性大吗?能养活自己吗?开心吗?

——请问主人公生活在哪里?(比如在哪个城市?住在什么样的地方?)你觉得自己将来居住在这个地方的可能性大吗?会过得舒适便捷吗?开心吗?

——请问你将来会和谁一起生活?(比如室友、配偶或孩子、宠物。)你觉得和他们相处和睦吗？开心吗？如何能保持自己和他们和睦开心地相处？

——假设好不容易今天是不用工作的休息日，你最希望如何开心地度过？(待在哪里？跟谁？做什么事情？)请停留在这个相对最自由、最开心的画面，确保能看到具体的时间、地点、人物和行为，在脑海中构建出一个具体的画面，充满颜色、方位、大小、气味等具体细节，而非一些含糊的想法(如没人管我自由自在)。请问自己，你觉得自己达到画面中这个目标的可能性有多大？如何帮助自己达到这个目标？你需要些什么来达到这个目标？

无论你的画面是什么，我可以负责任地说，一个人如果想达成什么目标，想相对独立地生活，想实现一些愿望，都需要技能加持。也许平时，父母会经常告诉你，学习是技能。这也是正确的，但是这本书接下来的内容，并非与学习有关，而是与执行功能(Executive Function, EF)有关。你可以把执行功能想象为角色扮演游戏(RPG)游戏中人物的各种装备，既有防御装备，帮助自己免遭负面事情的困扰；也有攻击装备，帮助自己完成任务攻克难关；还有……一些我也打不出来比喻的装备。

执行功能各个成分的自我训练，就好比是把自己各方面的属性进一步强化，争取做个"六边形战士"，这样无论在当前的还是以后的，无论是学习还是人际交往、事业打拼等各种场合下，都用得上。我保证，不白学。

至此，感觉废话不用多说了，请各位少年，继续往下看，马上进入执行功能六边形战士自我训练环节。实际上，按照执行功能成分的数量来说，是不是应该称为十边形战士？

第六章
评估能力

启动自我训练之前,建议花点时间做个自我评估。不用担心有一些题目戳中自己的痛点,因为执行功能这件事上,虽然开玩笑说希望做个十边形战士,但实际上没有人十全十美。我们大多数人,有一些很擅长的地方,也有一些薄弱的环节。

用我自己来举例,比较擅长的是组织条理和计划能力,比较薄弱的是工作记忆、情绪调节和灵活适应。实际上,从我初中开始,工作记忆不好让我在学习的背诵方面就比较痛苦,所以后来选择了理科。情绪调节和灵活适应欠佳,主要影响我和朋友之间相处,我印象很深的是一位好朋友给我写的留言:"很喜欢和你做朋友,你开心的时候很有感染力,但你莫名地生气,会让我感到紧张和难受。"我当时绞尽脑汁想做出一些调整,但并没有很好的办法。可能一部分原因就是,那时候还没有人写出来执行功能训练的书籍吧。

我接触到执行功能训练是 24 岁的时候,即便我已经成年了,但是自我训练仍然给我带来了很大的帮助。比如,我采取效率手册的方式弥补了工作记忆的不足,采取调整认知的练习以逐渐促进情绪平稳,更好地适应人生不如意的十之八九。即便现在,我的

第六章 评估能力

情绪调节能力在整体人群中，只能说勉强算个中等，但是相比以前的自己，已经有了长足的进步。而获益者，是我自己。因为我收获了更平稳、更美好的心情，无论面临怎样的困境。

所谓成长、发展的过程，大概就是扬长补短。因此就需要了解自己的长处、短处各自在哪里。自我训练，不仅弥补短板，也包括发挥长板。因为执行功能并没有天花板，好的成分，还可以更好。执行功能各个成分之间，是密切关联的，比如训练抑制能力，可能情绪调节、时间管理、延长专注等成分都能伴随获得提高和改善。

评估，在于更好地了解自己。自我训练时，可以有所侧重。尽管如此，仍然建议你每一个成分的自我训练都去完成，去练习，还是那个比喻，做个十边形战士。

接下来的表格，左右两端各有一个描述的状况，评价自己更符合或接近哪个描述。越多的条目靠近右侧，说明这个模块对应的执行功能成分可能越差。表格可以复印几张，随着自我训练的进展，每3—6个月可以再做一次自我评价，观察是否有进步。除了自我评价外，你可以邀请自己生活中密切相处的人，比如父母、好朋友、老师来评价自己，这样可以帮助自己了解他人眼中，自己执行功能呈现的状况。

大多数情况下，我们自评和他评的结果是比较一致的。但不排除有时候，可能我们自认为做得不错，但别人眼里看来并非如此。以及有时候，可能我们在朋友面前表现得还好，但是在家人面前却不够理想。如果存在这样的差异，那么都值得我们思考和探索原因和对策。

执行功能评估

更符合或接近哪一种描述		对应成分
做决定之前,会花时间思考一下。	容易脑门一热而做决定。	抑制能力
即使被干扰了,注意力也能很快回到手头的事情上来。	很容易被干扰,注意力容易被无关的事情吸引走。	
行动之前,会先思考一下后果是否合适。	比较冲动,行动之前不太思考。	
说话之前,会先想一想对方听到后的反应。	脱口而出,说话不太顾及对方感受。	
课堂上想表达想法时,能忍住或先举手示意。	课堂上想到什么时,容易直接插嘴。	
与人聊天时,能等待轮流,耐心听对方说。	与人聊天时,自己喜欢一直说。	
为了长期目标而拒绝眼前的有趣的活动,保障原本的计划安排。	只顾眼前有趣的活动,"今朝有酒今朝醉",不顾全局安排。	
遇到挑衅时,可以走开,而不陷入纷争。	遇到挑衅时,会立即还击,容易陷入麻烦。	
排队等候时能保持耐心。	排队等候时难以保持耐心。	
必要的场合能长时间安坐。	难以长时间安坐,会抖腿,左顾右盼或玩弄手上的东西。	
对方告诉我一些信息(如地址、电话号码)时,我能完整记住一会儿。	很难记住对方告诉的完整信息,比如号码只能记住其中3—5个数字。	工作记忆
自己的东西,尤其重要物品,基本都能记住放在哪里。	经常找不到东西,如钥匙、眼镜、手机等,会忘了放在哪里。	

(续表)

更符合或接近哪一种描述		对应成分
能记住自己应该要做的事情,如作业。	经常忘了自己该做的事,如漏掉作业。	工作记忆
作业完成后,能记得按时上交。	忘记带作业去学校,或者忘了上交。	
重要的事情会想办法确保能记住,比如写下来。	经常觉得"我肯定记住了,没问题",但实际上经常忘了。	
交流中,我能记住前面较长时间里的聊天内容。	交流中,经常忘了对方前面在说什么。	
手头忙于某件事时,也能记住其他应该完成的事情。	手头一忙或太过沉浸时,容易忘了其他要记住的事情。	
能吸取既往的经验、教训,不重蹈覆辙。	很难吸取曾经的经验、教训,会一再失误。	
遇到复杂任务时,擅长规划需要哪些步骤来完成。	遇到复杂任务时,难以规划需要哪些步骤来完成,缺乏头绪。	计划能力
能把复杂任务分割成小部分,每部分按照计划如期完成。	完成复杂任务全凭兴致,缺乏清晰的时间计划。	
面临复杂的、长期的任务也不会慌乱,心中有数。	面临复杂的、长期的任务会感到慌乱,觉得难以胜任。	
自己做出的计划,通常都能如期完成。	经常做出不切实际的计划,难以实施,或难以如期完成。	
对于一天的安排,会提前做出计划。	随遇而安地度过一天,然后发现可能遗漏了事情没做。	
能分清手头事情孰轻孰重。	手头有很多事情时,难以区分优先顺序。	

(续表)

更符合或接近哪一种描述		对应成分
能够为即将到来的事情提前筹谋,做好准备工作。	经常还没准备恰当就开始做事,事到临头才发现缺这缺那。	计划能力
善于为长期目标筹谋,比如省钱买一个想要的贵重物品。	缺乏实现愿望的具体计划,比如想买贵的东西但很难攒够钱。	
到时间会自觉开始写家庭作业。	拖到最后一刻才开始写家庭作业。	任务启动
自己该做的事情,无论是否喜欢,都能及时开始去做。	即使愿意做的某些事,也需要别人提醒才能开始做。	
能够把娱乐放一放,先完成作业、体育锻炼或家务等。	很难停下娱乐,如玩手机等,而开始去完成作业、体育锻炼或家务等。	
长期任务会安排在某个时候开始着手去完成。	拖到最后一刻不得已才开始完成任务。	
做出计划后能及时付诸实际行动。	很多时间空想,难以付诸实际行动。	
无论是否待在家里,都能完成一些事情。	常常待在家里无所事事,被形容"懒散"。	
经常为即将从事的事情感到有兴致、有动力。	很难为某件事情感到有兴致或有动力。	
当别人有需要时,能及时过去帮忙。	不太会被人寻求帮助,因为总是显得"不可靠"。	
对于应该完成的任务,哪怕不感兴趣,也能坚持专注30分钟以上。	如果对任务没兴趣,哪怕应该完成,也很难保持专注30分钟。	延长专注
坚持写作业,直到最终完成。	以各种理由写写停停,导致完成作业的时间很长。	

(续表)

更符合或接近哪一种描述		对应成分
即使上课内容枯燥,也能大部分时间保持专心听讲。	上课很容易发呆,或者神游太虚,专心听讲的时间比较短。	延长专注
无须大人督促,能自己坚持完成任务,如完成作业、看书、家务等。	容易有始无终,需要别人提醒督促才能坚持完成学习、家务等任务。	
完成任务时比较仔细。	经常会犯粗心的错误。	
被干扰后能回到需要完成的任务。	注意力被分散后很难重新回来。	
遇到困难时,会努力排除阻碍,争取实现目标。	遇到困难时容易放弃。	
会思考将来想要什么,当前做些什么能实现将来的愿望。	不太思考以后的事情,默认"车到山前必有路"。	
对于当前大概几点,通常心里有数。	很难感觉到当前的时间,必须看表。	时间管理
对于刚才过去了多久,通常心里有数。	难以很好地估计刚才过去了多久。	
擅于估计完成某件事需要多少时间。	对于完成某件事需要多少时间,心里没数。	
大部分活动都很守时,如上学、赴约、参加活动等。	经常会拖过约好的时间,比如上学、赴约、参加活动等,经常迟到。	
能按时完成作业或其他任务。	似乎时间总是不够,难以按时完成作业或其他任务。	
根据时间是否充裕,能及时调整自己的速度。	无论剩下时间多少,做事总是那个速度,且通常都是不紧不慢的。	

(续表)

更符合或接近哪一种描述		对应成分
休闲时间通常有很好的安排规划。	休闲时间经常不知道该做些什么。	时间管理
每天常规需要完成的那些事情,基本都能如期完成。	即便每天日常应该完成的事情,可能也会手忙脚乱,难以如期完成。	
能比较平静地把情绪表达出来。	表达情绪时总是伴有比较戏剧化的举动,如喊叫、落泪等。	情绪调节
无论遇到什么样的烦恼,都能保持相对冷静。	很容易为小事情引发大的情绪波动,反应过度。	
遇到作业很多或很难时,也能保持平静或积极的态度去完成。	发现作业太多或太难时,就会感到烦躁,抗拒完成。	
理解有不顺心的事情发生是理所当然的,能心平气和地面对。	如果事情没有按照愿望发展,就会感到挫败,烦躁和生气。	
大多数时候情绪比较平稳,喜怒哀乐的反应比较温和。	大多数时候比较情绪化,情绪反应比较激烈,大起大落。	
即便有不好的情绪感受,也能在比较短的时间里恢复平静。	不好的情绪感受会持续比较长的时间,很难较快地恢复原有的平静。	
听到对自己不好的评价,能够顺其自然,不会一直耿耿于怀。	如果有人对自己评价不好,会感到受伤委屈,或愤愤不平。	
比较容易管控自己的怒火。	会勃然大怒,如突然喊叫、咆哮等。	

(续表)

更符合或接近哪一种描述		对应成分
有需要的话,可以顺利地从一项任务或活动切换到另一项。	难以从一项活动或任务切换到另一项,比如放下手机去洗澡。	灵活适应
无论事情是规律的,还是临时有变的,都能接受,影响不大。	喜欢事情保持规律不变,不喜欢有变化发生。	
日常生活发生意外变化时,能比较轻松地接受和应对。	日常生活发生意外变化时,会觉得非常不安和烦恼。	
比较"随遇而安"。	比较"固执",坚守一贯的方式。	
喜欢开放答案的作业或任务,如写作文或设计等。	面临没有标准答案或固定流程的任务,如作文等,感觉比较痛苦。	
首选计划行不通时,会选择备选计划应对学习、人际、生活中的问题。	受到阻碍时,很难选择不同的方法解决问题,一条道走到黑。	
很自然地"随机应变"。	更容易"钻牛角尖"。	
随着事情的进展,能及时调整自己的计划。	一旦事情不按照预期发展,容易苦恼沮丧,难以调整原本的计划。	
房间通常整齐有序,很容易找到想要的东西。	房间通常很乱,除非收拾一次,且很可能是被迫要求整理。	组织条理
写字台/书桌通常整齐有序,很容易找到想要的东西。	桌面经常堆满各种物品,除非收拾一次,也不一定能保持太久。	
书包/背包通常整齐有序,很容易找到想要的东西。	背包通常很乱,要翻动整个包才能找到想要的东西。	

(续表)

更符合或接近哪一种描述		对应成分
电脑里的文件按一定方式归档,很容易找到想要的文件。	电脑里文件归档缺乏规律,找一个以前的文件需要花费很多时间。	组织条理
重要物品放在哪里心中有数,很快就能找到需要的东西。	经常花时间找某个物品,如钥匙、手机、眼镜、作业等。	
用完某个东西后习惯放回原本的位置。	东西用完随手放置,有时甚至落在别人那里。	
做事情的先后步骤和顺序都比较清楚。	做事情经常"东一榔头西一棒"。	
被别人评价"有条理"。	被别人评价"缺乏条理"。	
能预估别人对自己言行举止可能会有的反应。	通常后知后觉,当意识到自己惹别人生气或不高兴时,为时已晚。	反省认知
交流时会关心别人对自己的观点有什么反应和反馈。	更关心别人是否听到了自己的观点,而不太留意别人的反馈。	
当惹人生气或不高兴时,很清楚问题出在哪儿。	当惹人生气或不高兴时,通常不太清楚问题出在哪儿。	
说话做事前,会考虑下对方的感受,考虑可能带来的影响。	只顾自己说或自己做,不太考虑对方的感受,也不太考虑造成的影响。	
擅长退后一步,思考下事情的全局。	容易过度关注某些细节而忽略了事情的全局。	
能够尝试用不同的方法去学习或解决问题,并反思哪一种更合适。	习惯使用同一种方法去学习或解决问题,不太考虑是否管用。	

(续表)

更符合或接近哪一种描述		对应成分
事情失利后,擅长总结哪里出了问题,从而吸取经验,下次做得更好。	事情失利后,不太能反思问题所在,只是期待下次顺利些。	反省认知
会询问老师或长辈的建议,帮助自己提升,进一步发展。	没想过求助他人,默认自己知道该怎么做,默认自己做的都是正确的。	

第七章

训练能力

现在，我们自我训练执行功能，成为十边形战士的旅途，正式开启了。如果让我推荐的话，那么从第一节开始，按顺序完成。我考虑了执行功能不同成分发展及相互影响等各方面的因素，从而形成了这个顺序安排。每一节建议使用 2 周的时间，练习技巧，完成任务。

每一个成分自我训练包括四个部分：

1. 成分意义
2. 策略技巧
3. 游戏任务
4. 训练作业

现在，我需要大家填写下面的"挑战承诺书"。你可以装饰上自己喜欢的要素，或者完全自己设计一个，然后张贴在自己喜欢的地方。

考虑到十个成分，每个训练大概 2 周的时间，一共至少需要 20 周，提前预设假期及其他不可控因素，就计划在半年内完成吧。你可以预设一下，每完成一个成分自我训练可以获得一个小奖赏，比如点一杯喜欢的饮料，或者买一个喜欢的背包挂件。半年后如期完成全部任务后,可以获得一个超大的奖赏,比如和好朋友去迪士尼玩一整天,或者举办庆祝派对邀请朋友一起聚会玩耍等。

恭喜你,你的第一个长期计划,就这么诞生了。要知道,同时有成千上万个青少年在和你一起完成这个计划呢。愿意的话,可以在自己获得手机使用时间里,将"挑战承诺书"拍照发给我(公众号:专静时代Focalm)。对于你启动这个计划,我感到非常欣慰和开心,并且期待着半年后,你完成计划的那一刻。

挑战承诺书

在接下来 20 周的时间内，我承诺付出努力完成挑战，请见证我的成长！

我主要挑战的执行功能成分是：_____

完成挑战可能存在的困难：

    不愿意，没动力　（　　）

    不舒服，不自在　（　　）

    太困难，做不到　（　　）

    以及 _____

但我更明白挑战带来的益处：

    提升自信，改善心情　（　　）

    更好地实现自己的愿望　（　　）

    更心平气和地与人相处　（　　）

    以及 _____

为了收获尽可能多的进步，

我承诺每周_____完成阅读任务，每天_____（具体时间）完成练习任务。

每完成一个执行功能成分的自我训练，我可以获得：_____

完成所有的执行功能自我训练计划后，我可以获得：_____

如果遇到了困难，我可以寻求_____（某个人）的支持和帮助。

承诺人：_____

承诺日期：_____

第一节 抑制能力

我们从抑制能力开始。因为大部分研究者认可,抑制能力是执行功能的基础核心,并且是我们很小就开始发展出来的一个能力,抑制能力不理想可能会影响其他执行功能的发展以及运用。

1. 成分意义

抑制能力是指:(1)行动之前先思考后果,根据对后果的评价从而避免冲动。(2)必要时及时停下正在进行的一件事情。(3)抵抗干扰,集中注意力在我们需要完成的事情上。

大家想想看,什么场合需要用到抑制能力?

第一种,实际上就是三思而后行的能力,即在说话、做事之前先思考,此话是否得当,此举是否合适。如果说了或者做了些什么,导致结果不好,事后懊恼追悔,实际上就是当时没能发挥出抑制能力。

第二种,及时停止的能力,可以帮助我们避免过度沉迷一件事情。例如正在玩手机,酣畅淋漓,但是到了该洗漱准备上床休息的时间了。抑制能力帮助我们及时放下手机,停下这件很吸引我们的事情,转而去做这个时间该做的事情。

第三种,抗干扰的能力最常发挥作用的时候,有句俗话帮我们总结了,"两耳不闻窗外事,一心只读圣贤书"。写作业时,看到了好玩的东西,听到了有趣的声音,想起了很好玩的事情,都先坚持专心写完作业,等写完了再去分心琢磨这件事。除了写作业之外,实际上很多时候都需要抗干扰的能力。比如骑车时发现路边发生了很有意思的事情，坚持看路的前方，保证骑车安全。

如果抑制能力发展得不够理想，很可能就会显得冲动，说出一些事后懊悔的话，做出一些事后追悔的事。有时候我们现在说的话、做的事，跟我们想要达到的目标背道而驰。大家想想看，有没有这样的情况？

比如希望家长答应自己使用手机，但却在自己违背约定好的手机使用时间时，发脾气，闹情绪，当下虽然发泄痛快了，但以后家长还心甘情愿给自己手机使用吗？比如希望得到同学的友谊，但是在一些小事情不顺心时，闹别扭，搞得双方不愉快，当下自己爽快了，但友谊的小船可能就翻了。

所以，任由自己被当下一刻的冲动支配，很可能说的话、做的事，并不能达成自己想要的东西。发挥好抑制功能，就能为了真正想要的结果，管理好自己当下的言行，也就是"忍"住不做某些言行。

懂道理并不难，难在如何做到。这本书和其他书不一样的地方就在于，在捋清楚道理之后，会用更多实际的方法帮助大家去练习。我们会讨论一些技巧来应对抑制能力不足，以及一些策略来训练提升抑制能力。

2. 策略技巧

针对不同的抑制成分，我们有一些相应的自我训练策略。

三思后行：说话做事之前，尤其当下觉得头脑发热，很有上头的、"冲"的感觉时，停下来，问自己，"我到底想要什么？我现在这么说，这么做，是**真的**有帮助吗？"

及时停止：俗话说今日事今日毕，所以事不毕，更糟心。实际上大家想想，该做的事没去做，是玩得更舒坦了？还是玩得不自在？大人总归会催促的。应该要完成的事情先去做完，再安心自在地去玩。那么，哪些事情是应该要完成的？一般来说，学校要求的学业任务，自己的清洁卫生工作，家庭生活的基本任务，是应该及时完成的。

我们可以总结归纳，自己哪些情境下，最容易因为抑制能力不足而导致麻烦。从而在这个场景中，放置一个提醒物或者描绘一个自己喜欢的停止符号（如特殊字体的"停"，代表停止意思的图片，拼音字母"T"等），提醒自己三思而后行。也可以设置一些外在的约束，帮助自己停下来。比如手机使用时间是可以上锁的，到了一定时间就无法解锁继续使用。

抵抗干扰：虽然有些任务不是很有趣，比如写作业、做家务，但这是我们应该要完成的，所以集中注意力尽早完成，反而能让自己拥有更多的自由时间。但有时候干扰很多，让我们很难专心。我们可以回忆下以前完成任务的情况，在本周完成任务时进行"注意广度记录"，最终总结下有哪些经常干扰自己的因素，并且思考一下对策，完成"抵抗干扰策略"。

干扰一般分为两类。一类来自外界环境，比如大人交谈的声音，其他人观看电视、使用手机的声音，家里如果有宠物，奔来跑去的声音，这些都是环境中的物理干扰。怎么办呢？我们可以根据实际情况，提前做好应对。比如需要专心完成任务时，大家都保持安静，可以将宠物放在另一个房间里，所有人的手机都调整至静音模式，放在一旁，不使用。

还有一类干扰是来源于自己,想别的事情,神游分心了,怎么办呢?这个确实比较困难,我们可以采取一些喜欢的提醒机制。首先我们观察下,自己到底能专心多长时间,15 分钟? 还是 20 分钟? 然后采用一个自己喜欢的被提醒的方式。

很多青少年会埋怨家长的提醒让自己很烦,从而拒绝家长来提醒帮助自己。然而,没人帮助,实际上自己更难保持专注。因此有没有想过,跟家长协商好,隔多久需要一次提醒,以及喜欢怎样的提醒方式。比如跟家长约好,每隔 20 分钟询问我们一下或者拍我们背部一下,或者给我们递一张鼓励专心的小纸条。当然也可以尝试使用一些道具来提醒自己,比如定时器,到了 20 分钟会发出响声,这时就自我询问一下"我还在专心做手头的任务吗?"

3. 游戏任务

通缉令:这是一款桌游,你可以和朋友一起玩。在游戏的过程中,你需要留心每张卡牌的内容,其人物和动作是否匹配。如果匹配,那么你需要尽快做出这个任务对应的动作。比如卡牌上是法官,且匹配拿着锤子的动作,那么你需要尽快拍打桌面。而如果不匹配,比如法官拿着警徽,而你没能很好地抑制住自己的反应,拍打了桌面,那么就将受到惩罚。整个游戏紧张刺激,同时又欢乐有趣,需要维持注意力,保持记忆力,以及抑制能力。

指对方向:这个游戏需要自己制作一下材料,在四张白纸上(最好是纸壳)分别描绘出上下左右不同方向的箭头。发指令的人随机出示一个箭头,同时自己的手臂也随机指向一个方向。比如手臂往上举,但手里的箭头可能是指向右侧的。玩游戏的人则需要抑制住跟发令者手臂一样的方向,而指出箭头的方向。你可以作为发令者,考考家人或朋友的抑制能力。当然最好是教会对方这个游戏,让他们发令,自己则可以在游戏过程中锻炼抑制能力。

4. 训练作业

注意广度记录单: 记录完成作业时能坚持的注意力时间,此为自己的注意广度,尽可能将自己的作业任务分割在注意广度的时间之内。比如注意广度大概为 20 分钟,那么就坚持写 20 分钟作业,稍事休息 3—5 分钟,再启动另一个 20 分钟的作业任务。此外,还可以总结干扰自己注意力的因素。

抵抗干扰策略: 针对不同的干扰思考不同的对策。如根据自己的注意广度,与大人约定需要检查或提醒的时间间隔,可以选择自己喜欢且有效的提醒方式,比如轻敲自己的背部,播放一段特别的音效,递来一张鼓励的纸条等。

注意广度记录单

周一 确定你即将完成一件困难的、无聊的或回避的作业：_____ 写下开始时间：_____ 开始学习，尽量保持专注，直到停止。 写下结束时间：_____ 计算刚才坚持学习多久：_____ 打断坚持学习的分心因素是：_____	周二 确定你即将完成一件困难的、无聊的或回避的作业：_____ 写下开始时间：_____ 开始学习，尽量保持专注，直到停止。 写下结束时间：_____ 计算刚才坚持学习多久：_____ 打断坚持学习的分心因素是：_____
周三 确定你即将完成一件困难的、无聊的或回避的作业：_____ 写下开始时间：_____ 开始学习，尽量保持专注，直到停止。 写下结束时间：_____ 计算刚才坚持学习多久：_____ 打断坚持学习的分心因素是：_____	周四 确定你即将完成一件困难的、无聊的或回避的作业：_____ 写下开始时间：_____ 开始学习，尽量保持专注，直到停止。 写下结束时间：_____ 计算刚才坚持学习多久：_____ 打断坚持学习的分心因素是：_____
周五 确定你即将完成一件困难的、无聊的或回避的作业：_____ 写下开始时间：_____ 开始学习，尽量保持专注，直到停止。 写下结束时间：_____ 计算刚才坚持学习多久：_____ 打断坚持学习的分心因素是：_____	总结： 我的注意广度为：_____分钟 我的常见分心因素为：_____

抵抗干扰策略

家里环境是否会吵到自己？如电视 否↓　　　　是→	作业期间家里电视等会发出噪声的电器保持关闭状态。
家里是否有人经常打扰自己？ 否↓　　　　是→	约定需要定时提醒/检查自己状态的时间 其他办法：＿＿＿＿＿＿＿＿＿＿
是否学习时经常想使用手机？ 否↓（确定？）　是→	关掉手机铃声　关掉手机 其他办法：＿＿＿＿＿＿＿＿＿＿
是否学习时经常想上网玩？ 否↓（确定？）　是→	学习期间家里断开网络 其他办法：＿＿＿＿＿＿＿＿＿＿
是否学习时经常想看课外书？ 否↓　　　　是→	课外书放在学习桌子以外的地方 设置固定的阅读时间：＿＿＿＿＿
是否学习时经常想跟宠物玩？ 否↓　　　　是→	学习期间将宠物放在另一个房间 设置固定的互动时间：＿＿＿＿＿
是否学习时经常想别的事情而走神？ 否↓　　　　是→	找到喜欢且有效的提醒方式，如： 定时器，与家长约好定时递鼓励纸条等 其他办法：＿＿＿＿＿＿＿＿＿＿

第二节 工作记忆

工作记忆和一般的记忆不一样。一般的记忆就是指单纯记住现在接收到的信息,最常见的就是别人告诉你电话号码,你得马上记住并输入手机里,你能一口气记住几个数字? 通常来说,我们的记忆广度在7—9个。我们每个人的记忆力或多或少有些不一样,这没关系,记忆力是可以训练的。

你印象中记忆力特别好的人是什么表现? 有什么值得羡慕的地方? 我印象中记忆力最好的人物是侦探福尔摩斯,他能记住非常多的规律和信息,并且根据当前观察到的现象,推理和演绎出来很多隐藏的事实。实际上,这时候他用到的,不仅仅是单纯的记忆,而是工作记忆。

1. 成分意义

工作记忆先说它比较简单的形式,就是根据目前收到的信息,汇总出一个结论。举个简单的例子,你想买个59元的盲盒,26元的书签,这时看中了一支笔15.8元,你手里有100元,能一起买到三样物品吗? 我们记住物品的价格,计算总价,同时需要记住手里的现金数量,看够不够支付,这时候用到的就是工作记忆。

工作记忆另一个简单的形式就是,当我们带着某个问题去寻找答案时,我们一直要记得自己的问题是什么。是不是觉得很简单? 但有没有人经常看完一段学习材料,并不知道自己要留意什么? 或者准备去做什么任务,结果忙到一半不知道自己最初要干吗? 甚至可能找人去说某件事,结果聊着聊着,把需要交代的正事儿给忘了？

工作记忆还有更复杂的形式，就是能够利用过去学习到的知识，或者经历过的经验，来解决手头的问题，或者预估将来的结果。想想看，你在做什么事情的时候，会需要工作记忆这样发挥作用？

首先考试的时候是最需要工作记忆的，要将脑袋里记住的与考试题目相关的信息都检索出来，从而解答这张卷子。除了考试之外，生活中任何一个难题的解决可能都需要工作记忆来发挥作用。我们要回顾以前的经验，寻找类似的情况，审视自己过去行为产生的结果是否喜欢，从而决定现在这个环境下该怎么做。这就是俗话说的"吃一堑长一智"。

举个例子，假如我和朋友在讨论一部电影是否好看时意见不一致，这是一部系列电影，朋友是该系列的粉丝，以前每次有人说该系列电影不好，她都很介意。根据以往的经验，目前这个情况下，我应该怎么做？最好就是各自保留意见，不再争辩，以免伤了和气。但万一我没有及时吸取之前的经验教训，和朋友争得面红耳赤，导致她很生气，不理我了。怎么办？我应该想办法哄她开心，这时候也需要调动工作记忆，想想根据自己对朋友的了解，她喜欢吃酸奶，那么就可以试试给她带一杯酸奶，让她开心，从而修复一下两人的友谊。

2. 策略技巧

良好的工作记忆，不仅仅让我们记住事情，记住知识，而是像之前提到的，它能让我们每天都不虚此行。之前经历过的事情，带来的经验，可以帮助我们规避眼前的麻烦，更好地解决眼前的事情,带来更好的结果。如果我们发现,经常重复经历一些烦恼和困扰,那么可能需要想想看,是不是工作记忆没能发挥作用,导致我们没能及时总结经验教训。

我们可以尝试一些办法提升工作记忆,争取在将来的生活中需要的时候,派工作记忆出场,帮我们解决问题。

眼神接触:说话的时候,如果看着说话的人,你会发现接收的信息会多很多,自己也能记住更多。如果你觉得看对方的眼睛会让自己感到不自在的话,那么教你一个小诀窍,你可以将目光放在对方的眉毛中间。

复述一遍:当别人在跟你说话的时候,不一定要急着评论或者还击,而是在内心重复对方的话,这样同样会使工作记忆发挥得更好。

记录下来:有句俗话"好记性不如烂笔头",需要我们记住的事情太多了,单凭脑力有时候很难记得住,这很正常。所以可以挑个自己喜欢的记录本,最好是带日历的,将需要记住的事情,写下来。你有这样的本子吗?或者什么样子的本子,能促使你愿意去记录呢?可能这时候有人会说,手机里有应用软件可以记录,我还是鼓励你使用纸笔工具去完成记录。原因是我们很容易拿起手机后开始使用别的功能,而忘了要记录事情,等以后更年长一些,能更好地管理电子产品的使用了,再考虑使用手机记录。

回忆往昔:当我们手头有一件事需要做决定时,我们停下来,回想一下以前经历的最相似的情况,然后想一想,以前是怎么做的,结果是喜欢还是不喜欢。如果喜欢,那么采用同样的解决方式;如果不喜欢,那么就换一种处理方法。

3. 游戏任务

专静复杂图形：你可以和朋友或家人搭档玩这个游戏，一方为出图者，另一方为记忆者。出图者可以画一个比较复杂的图形，由各种不同形状的小图形组成，注意组成复杂图形的各个部分尽可能是比较规则的形状，如长方形、圆形、三角形等。记忆者观察出图者画出的复杂图形30秒，然后尽可能重复画出来。这个游戏可以多位记忆者一起玩，相互竞赛下彼此的工作记忆能力。

记忆小侦探：这是一款桌面游戏，观察某幅图片10秒，这时你并不知道需要记住图片的什么细节，只能尽可能全面地观察记忆这幅图。10秒后，将图片翻到背面，随机回答某个关于图片细节的问题。游戏很简单，但玩起来很欢乐。

回忆细节：在和家人朋友观看某部电影或某个电视节目后，相互提问里面的一些细节。可以是关于画面的，也可以是关于台词的。

4. 训练作业

工作记忆提升策略：记录策略的练习情况和练习后的感受，也可以发展出适合自己的提升工作记忆策略。

我喜欢听……：将自己喜欢的、愿意配合的指令特点（而非内容），尽可能用正面描述的方式写下来，如"声音平和""只说一遍"等，交给家长，希望家长采取这样的方式给自己提要求。"己所不欲，勿施于人"，所以在自己与家长及其他人交流时，尽量也努力做到。

工作记忆提升策略

策略	具体内容	练习情况	练习后感受
1. 眼神接触	说话时,保持眼神接触,看着与自己说话的人		
2. 复述一遍	别人对自己说话时,在内心默默重复对方说的内容		
3. 记录下来	找个喜欢的记录本,记录重要的信息,结合日历记录日程		
4. 回忆往昔	回忆以前发生过的类似情况和行为结果,决定现在的行为		

我喜欢听……
将自己喜欢听到的指令类型写在下面,交给家长:
_____
_____
_____

自问:自己在和别人交流时,做到了吗?

第三节 计划能力

计划是实现目标和梦想的重要能力,包括规划路线,创建步骤,以及能够保持在当前的路线不偏航,专注当前的步骤一步步夯实,最终达到目标。无论是聚会前的出门准备,还是组织一场聚会活动,无论是完成家庭作业,还是学习一个新的爱好技能,包括长大后的职业规划,组建家庭,每时每刻计划能力都在发挥作用。

1. 成分意义

对于青少年来说,计划成为大家越来越重要的技能,因为青少年的生活开始变得复杂,即便是学业任务本身,也变得灵活,需要自己安排不同学科、不同类型的作业在不同的时间完成,同时还有各种各样的社交、文化、体育、兴趣和娱乐等活动需要规划。既要全盘兼顾,又要重点突出。孰轻孰重,谁先谁后,都是需要考量的。

我们拥有一个目标不难,难的是如何一步步达成这个目标。我希望你现在停下来,想想看,长期有什么远大目标?或者眼下有什么短期目标?比如,想成为一名画家,想创业赚钱实现财务自由,想考上自己理想的大学,想有自己的房子可以养猫……或者,想买那件喜欢的衣服,想去欢乐谷痛快玩一天,想考进班里前三名,想多结交几个朋友……然后,我需要你怀揣这个目标,继续想这个问题:"我需要做些什么来实现这个目标?"

首要的是,我们要知道自己现在的起点在哪里,目标在哪里,中间这个距离,分哪几步可以逐渐地走过去。这就是规划路线,创建步骤的计划能力。

例如想成为一名画家,可能的计划就是:先接触各种不同类型的绘画,寻找自己喜欢的绘画类型,尝试自学练习画画,寻找可靠的老师和画室,参加画画课程,跟随老师学习,参加比赛获得鼓励和反馈,反复进行更多的练习,报考美院,寻找自己的风格,创作作品。

例如想去欢乐谷痛快玩一天,可能的计划就是:询问家长,获得实现欢乐谷自由的条件,如元旦前完成额外的物理练习册,规划每周多花半小时完成练习,提前两周和朋友约好时间,提前一周家长订票,元旦前递交作业,约定的时间出游。

如果你很难在当下与目标之间建立实现的具体路径,那么这一节的策略技巧能帮助你解决。如果你能很好地建立计划,但就是很长时间停留在起点不能启动,比如几个小时过去了还没动笔写作业,几周甚至几个月过去了也没有练习一幅画,那么可能存在任务启动困难。如果你能很快启动且热血沸腾,但兴趣的热情衰减得特别快,很难坚持到终点,那么可能需要进一步练习延长专注。这是后面的执行功能技巧,我们一步步来。

2. 策略技巧

计划能力需要练习的策略技巧包括以下四个方面。

创建路线: 根据上面的例子,选择自己的一个目标,创建从当前到目标之间的路线。建议先选择短期的简单目标,这样练习的难度低,成功的概率高。目标是自己感兴趣、有热情的,当目标充满光芒时,能更好地吸引自己,促使努力去达成。与此同时,也请明确目标的意义,所谓意义,指实现该目标是有回报的,能促进自己的身心健康成长。

规划步骤：将路线进一步细化为步骤，今天做什么，明天做什么，甚至今天上午做什么，下午做什么。越靠近的日子，步骤越细，这样能更好地督促自己去执行。如果觉得自己单独规划步骤缺乏线索，那么可以向家长或老师请教。

优先排序：几件事同时出现时，需要权衡轻重，从而更好地安排先做什么后做什么。很多青少年及成年人的困扰在于，会下意识地优先选择舒服的、愉悦的活动如玩手机，这是无可厚非的，我们都希望每分每秒过得开心。但有时候，止步于短暂的、当下的"开心"会影响长期重要目标的达成，如考上好学校，从事好工作，实现人生价值等，从而阻碍我们获得更多的、更深的、真正的"开心"。

专注当下：目标之所以是目标，有时候需要一段时间才能达成，这就意味着，可能今天当下的努力，未必能立即获得回报。因此，建议大家把计划步骤书写下来，这样，每次完成当下的任务时，比如加练物理作业，就能提醒自己，离去欢乐谷畅玩又近了一步。我们没有办法让每一个当下的任务都完成得很愉快，但是我们可以为这个任务创建一个远期愉快的激励，促使完成它更有价值和动力。

3. 游戏任务

汉诺塔：这个游戏最经典的玩法是将圆盘从一侧移到另一侧，但也可以按照要求移到最终的某种叠放的方式。要求都是一次只能移动一个圆盘，且只能小盘压大盘，而不能大盘压小盘。因此从起始状态到目标状态，需要策划出最少的移动步骤，从而尽可能高效地抵达目标。

挖金矿：也叫矿工小矮人，是一款桌游，在起点和金矿之间需要用手里的卡牌搭建出抵达的通畅道路。这款游戏中还有阻碍角色，专门使绊子破坏道路。是不是和现实生活很相似？即可能你有很好的计划，但可能在实施的过程中出现挫折和阻碍，仍然需要继续想办法克服困难，绕道而行，最终达到目标。

华容道：这是一个很经典的游戏，需要将阻挡人物想办法挪开，以开辟出一条能让目标人物顺利走出来的道路。

4. 训练作业

目标计划单：锁定一个既有意义又非常吸引自己的目标，尽可能是在一周内可完成的，创建实现这个目标的路线图，解析需要达成目标的每个步骤。在随后的时间里，记录完成计划的真实情况。针对未能按照计划完成的情况，具体分析并思考对策，这有助于以后形成更优的计划。

福利清单：假想家庭是公司，自己是员工，福利清单就是自己的薪资报酬。可以采用积分制度，也可以采用零花钱制度，或者两者结合。因为有些长期目标，比如聚会、玩耍等，仍然需要家长的同意和财务支持，所以可以像赚取报酬一样设置为目标形式。

目标计划单

选择目标:				
创建路线:				
规划步骤	该步骤具体内容	实际完成情况	若未完成原因是	计划应对策略
步骤1		√ ×		
步骤2		√ ×		
步骤3		√ ×		
步骤4		√ ×		
步骤5		√ ×		
福利清单 将自己喜欢的物品/活动写下来,与家长商议定价: _____ _____ _____				

第四节 任务启动

任务启动是指在不拖延的情况下,及时开始需要完成的任务。在预定的时间里不拖延,没借口,立即着手开始任务,直到完成任务为止。

1. 成分意义

之前我们提到过,很多青少年有美好的目标,也善于规划靠谱的计划,但几天、几周、几月甚至半载过去了,就是没法付诸实际的行动。

为什么会这样?有很多种原因。有可能虽然目标很美好,但遥不可及,缺乏动力当下埋头苦干。比如奥运会健儿需要刻苦低调训练四年或更长时间,才能换来赛场上几分钟的高光绽放时刻。也有可能是担心做不好,于是干脆不做。比如担心画完了作品不理想,被老师批评,还不如不画。还有可能是虽然目标很美好,但难度太大了,太烦琐或太枯燥,每每想到要动手去做,就头痛不已。而假如这时候眼下有个更轻松有趣的活动,就很容易分不清事情主次,做出不利于长期目标的选择。

设想下面这个场景,看看是否眼熟。你要在下个月底交一个科学报告展板,需要花时间去阅读、选择和制作展板。你计划在每周的周末推进一部分工作,而这周日原本计划是完成科学报告的阅读和选题工作。到目前为止,都没有问题,对吧?这里显示的是前面提到的计划能力。然后有句俗话是"计划赶不上变化"。

时间到了这个周日,你发现科学报告都很枯燥,放在面前不想读,于是无聊地发呆了一个小时,开始看手机,发现收到了朋友的信息,约你去逛街吃饭,或者唱歌打球,反正就是自己特别喜欢做的事情,你会怎么办?

也许有人能坚持原来的安排,及时启动科学报告这项任务,只有这样才能如期完成计划步骤,下个月底也才能最终完成大目标。但也许有人就会选择当下更有满足感的活动,这时内心多半在想,后面还有足够的时间去完成任务,晚点启动没关系。

如果任务启动技能比较薄弱,就很容易放纵自己去选择有趣的活动,当下获得即时的快乐,而逃避掉那些不太有趣甚至枯燥的,但又不得不完成的任务。我们会有各种理由,比如"有趣的活动过了这村就没那店了""到截止日期前我还有时间""我保证下次及时开始完成",等等。但实际上,正因为这样的选择,会让我们在面对自己需要完成的事情时,一拖再拖,难以启动。

当然也能理解这是很多人共同存在的困难,因为现在娱乐活动实在太有吸引力了,对你来说有哪些? 比如,和朋友之间的各种聚会、出游等,还有社交媒体、视频游戏、电视节目等,追寻这些有吸引力的活动虽然获得了乐趣,但也会阻碍任务的及时启动。

2. 策略技巧

按照计划及时启动,虽然对一些愉快的活动不能为所欲为,但却能够不慌不忙进行计划。不按照计划启动,拖延至明日复明日,总有一个叫"截止日期"的明日会到来。因此,我们需要尝试一些策略来应对自己及时启动任务的困难。

寻找动力:如果远期的目标因为距离太远,很难激励我们内在动力的话,可以尝试给每一个小步骤后面追加一个小奖励,从而增加及时启动这部分任务的动力。比如当天上午完成阅读和选题的任务,下午可以答应朋友的邀约外出活动。

拆分任务: 万事开头难,开头再拆分。很多青少年都是一旦开始做某件事了,就能保持下去,回过头也不觉得有多难,但就是"开始"启动这件事特别难。这种时候,就把需要完成的事情再拆分成更小的步骤,拆到觉得"开始"当前这一步易如反掌为止。

比如阅读10篇科学报告很枯燥,就告诉自己先只读1篇。如果阅读1篇也觉得烦,那就先读第一段。如果看到这份文件就开始头痛,那就告诉自己先拿出这张纸摆在桌上。总之,众所周知,0.001也大于0。无论你启动多么小的一步,只要启动了,后面说不定就顺水推舟很顺利地开始了。

聊胜于无: 如果你总是担心自己努力完成的事情不被认可,宁可不做被批评懒,也不愿做得不好觉得丢面子的话,那么你需要告诉自己,"有比没有好""完成的瑕疵比没完成的完美好"。

实际上,如果一个人必须把每件事做得尽善尽美,那可能什么事都做不成。我们本来就需要在一次次的不完美中去进步,更何况,完美的结果从来不是我鼓励的追求,努力的过程才是最美好的。但我们没有办法保证每一个人都这么想,如果身边有一个鼓励打气的大人当然更好,如果没有,那么我们学会自我肯定、自我进步就好。

当然,这并非说身边的大人必须一直做个盲目的啦啦队员,当对方给出不好的评价时,我们听听看,如果是可以采纳的建议,那么需要克服受损的自尊心而去吸取建议。比如对方说"展板的字体太小,影响观感",你就知道下次做展板字体需要放大一些。如果只是贬低,没有具体的建议,比如"展板做得太难看了,你时间都用来干什么了",那么你就可以左耳朵进,右耳朵出。

3. 游戏任务

任务启动缺乏相应的游戏任务,因为就是为了避免游戏,及时启动任务。

4. 训练作业

目标计划单:之前的目标计划单,每步骤的计划能如期完成吗?这次,我们计划出完成每一个步骤的具体时间,以及完成每一步后对应的小奖励,从而激励自己及时启动任务。

目标计划单

选择目标：						
规划步骤	该步骤具体内容	计划何时完成	若完成获得奖赏	实际完成情况	若未完成原因是	计划应对策略
步骤1				√ ×		
步骤2				√ ×		
步骤3				√ ×		
步骤4				√ ×		
步骤5				√ ×		

最终目标达成日期：

目标达成时的感受：

有关此计划的思考：

第五节 延长专注

延长专注这个能力,最直白的意思就是指当我们面对眼前必须要做的任务,即使可能枯燥、无聊、不太情愿,也能维持注意力足够长的时间去完成。

1. 成分意义

很多青少年可能觉得"我注意力没问题,我就是不乐意而已",这句话有可能对你来说是正确的,毕竟有动力才能发挥能力,但也有可能未必如你所想。真正的注意力,主要体现在需要做但不那么乐意做的事情上。大家可以思考下,对于自己而言,自己在哪类事情上维持长时间注意力最没问题,这类事情自己乐意做吗?需要做吗?

通常来说,大多数人纯娱乐时,如玩手机、刷视频都能坚持专注很久,甚至可以达到茶饭不思的程度,但这时候的专注并非真正的专注,只是因为这些事情有趣好玩,我们被动吸引,沉浸其中,并不需要主观上付出努力去维持注意力。

有没有人画画、做手账、搭建模型、体育锻炼很投入,很专注。这类活动叫有建设性的活动,即有产出,对身心健康有获益。从事这类活动时,需要付出一定的主观努力。但我们本身对某种活动很感兴趣,主观上更愿意去做,所以在维持注意力的时候,没那么辛苦。

由此可见,我们不那么感兴趣,但又需要付出努力去完成的任务,是最体现真正专注力的时候,对于学生时代而言,主要就是写作业和做家务。

为什么我们需要辛苦地去努力呢?一方面,我们自我训练出来的技能是属于自己的,能力训练得越强,完成这些任务反而就不会那么辛苦和艰难;另一方面,自己完成得越好,大人的抱怨和指责就越少,自我感受也会越好。

实际上,专注能够保持延长的能力越好,在每一件事上完成的时间所需越少,收获越多。你会发现,反而休息和玩的时间越来越多,获得的成就也越来越多。2022年北京冬奥会上一鸣惊人的谷爱凌,既学习补课,也滑雪练习三个项目,还要睡十个小时,社交平台互动也没落下。从某种程度来说,玩得好和学得好,能力是相通的。

2. 策略技巧

为了提高延长专注的能力,我们需要回顾下前面的练习中自我观察的情况。(1)我们现在维持注意力最困难的是哪件事?(2)在那件事上大概能坚持多久?(3)影响自己维持注意力的最大困扰是什么?(4)自己小时候,家长或老师可能做些什么帮助自己维持注意力?(5)现在自己有没有什么好办法能帮助自己?

这部分内容,实际上我们曾在完成注意广度记录和抵抗干扰策略这两个练习时涉及过,练习情况如何?延长专注这里,产生了一次联动。所以我们的执行功能,虽然是分各个成分帮助大家自我训练,但实际上成分之间是密切交织的。

这五个问题,我举自己的例子吧。(1)现在我维持注意力最困难的事是背英语单词。(2)大概背5分钟就想放弃了。(3)我经常会忍不住开始使用手机上别的 APP,如聊天或刷视频,而不愿继续背单词。(4)小时候的话,大人估计会没收手机,坐在我旁边监督我背完单词。(5)现在的话,我会打开飞行模式或者把手机锁在抽屉里,背完单词再拿出来;坚持完成背单词任务一周,会额外奖励自己一杯酸奶。

以下是一些可以尝试帮助自己延长专注的策略方法。

分割任务: 虽然我们现在很多作业的完成可能需要 1—2 个小时甚至更多的时间,但是太多的任务会给我们一种被压垮的感觉,并且疲劳也会影响我们的注意力。因此,我们把任务分割成自己能坚持的时间,比如 20—30 分钟,这就需要我们对自己平时能坚持住的时间有所了解。慢慢地,能坚持的时间会越来越长。

排除干扰: 有句话大家听过吧,"两耳不闻窗外事,一心只读圣贤书"。我们不要求做到这样,太难了。我们先帮助自己打造一个没有"窗外事"的环境,当然干扰不一定都是"窗外事"。我们遭遇的干扰,一部分是环境干扰,比如桌上吸引自己的小东西,环境里嘈杂的声音;另一部分是社交干扰,总想和人说话聊天,有时是想揉一下猫猫狗狗,还有个干扰神器就是手机,屏幕一亮声音一响,就非常好奇想看看谁发了什么消息。

怎么办呢?如何抵抗干扰?想办法打造一个没有干扰的环境,比如清空桌面,和家人商量保持安静,把宠物放在另一个房间,关手机或者把手机暂时锁起来甚至可以交给他人保管,直到我们完成任务为止。

着重提一下手机等电子产品,这几乎就是抵抗拖延,提高效率的拦路虎。我也帮助过很多成年人提高专注力,他们也需要绞尽脑汁想办法管理手机,并且要付出很大的努力。作为青少年,在抵抗电子产品这件事上感到吃力,很正常。这就意味着,我们可能需要借助外力,如大人的帮助。

请求督促:人总归有惰性的,我们大家都一样,外界的督促可以帮助我们更好地完成任务。别人的督促虽然有帮助,有时候可能也会让自己感到很烦恼、很抵触。实际上,大家可以跟大人商量,尽可能选择那些自己喜欢且有效的督促方法。注意,**要有效**。

有时候青少年选择的方法,仅仅只是喜欢,比如关着门、听着音乐、拿手机查资料等,都挺自在,自己挺喜欢,但实际上却并非很有效果。我们自己需要用结果来检验方法是否有效。比如听音乐,如果确实作业速度和质量都越来越高,那么可以考虑放音乐。但实际上,塞着耳机听音乐对于很多青少年来说,并不一定能提高效率。建议试试音响外放一些不带歌词的背景音乐。

有些方法,可能自己不是特别喜欢,但却有效,那仍然需要配合。比如手机交给大人代为保管,直至任务完成再归还;每隔20分钟大人过来看我们一下是否专注在任务上,或者我们每隔30分钟将任务交给大人打卡一次等。

激励机制:学习作业确实很枯燥也很累,如果完成了着实值得奖励自己。有两种形式,大家可以选择自己喜欢的形式。第一种是"先—后"机制,即先让自己完成一件枯燥的、不情愿的任务,后面可以从事一件喜欢的有趣的活动。比如"先背单词后吃酸奶"。

第二种形式是积分制,即完成任务对应一定的积分,积分相当于大人的薪水,可以兑换或者购买自己喜欢的东西。这个机制需要和大人一起最终商量决定。

关于积分这件事，其实和成人社会的薪水是一回事。大家想想看，你们身边的成年人，在赚钱和消费这件事上，是怎么做的？是当天赚的当天花掉？还是会为了某个大目标去攒钱？大多数成年人都会为了某个长远的目标，而去付出一些努力。比如为了买一套房子，眼下就少买个包、少买个新手机，把钱攒下来。

还有什么情况与之类似？为了将来某个目标的达成，眼下，每天去付出一些努力，不一定是攒钱。为了达到将来的某个目标，我们可能需要在当下进行一些努力的付出。比如前面提到的奥运冠军谷爱凌，不是突然就在 2022 年冬奥会横空出世成为天才少女的，她在前面很多年日复一日地反复练习，只是不被世人了解而已。而这些别人不了解的，到达结果之前的，以目标为导向的坚持能力，可谓是另一个层面的延长专注。

长期坚持：当我们面对一个远期目标时，能够坚持每天都在这个目标上保持一定的专注付出，从而争取达成目标。这种目标导向的坚持能力，是个非常成熟的技能，有些大人也不一定做得很好，所以现在不要求大家做得非常尽善尽美，但我们仍然需要去练习这个技能。

你想拥有的每一个技能点，包括学习，也包括运动，还包括艺术、爱好等，当它成为你出类拔萃的技能之前，需要日复一日坚持练习、重复和增长能力。大家想想看，现在有什么愿望，是需要眼前的坚持，甚至可能需要眼下暂时放弃享乐，才能实现的？

我们需要日常节省一些开销，比如少喝一杯奶茶，从而攒钱买一个手办。同理，我们需要日常省去一些娱乐的时间，比如少玩一局游戏,少刷一会儿短视频,而用来学习,从而取得更好的考试成绩,进入更好的学校等。也就是说,我们需要把眼前的行为,和未来好的结局,联系起来,而不能只看眼前,只顾眼前。

3. 游戏任务

端乒乓球:将乒乓球放在球拍上,水平端住,尽可能保持更长的时间。这个游戏枯燥得不像个游戏,遗憾的是,训练延长专注,并没有轻快好省的办法。这个游戏的道具可以DIY,只要一个硬纸板和一个圆球即可。纸板面积越小,挑战越大。

数字油画:这是一个通常需要1—2天甚至更多天才能完成的任务,不仅锻炼当下的专注力,也锻炼了目标导向的坚持性。需要按照画布上的数字,填入对应的油画颜色。难度越高的油画,数字越多,分割的区域越小,从而需要更多的细心和耐心。大功告成的一刻,还是相当有大画家的自豪感的。

4. 训练作业

延长专注提升策略:选择当前维持注意力比较困难的任务,尝试使用分割任务、抵抗干扰、请求督促和激励机制的策略,练习延长专注。

我的目标我坚持:思考自己在购买物品或实现技能方面的长期目标,将这个远期的美好愿望和眼前的现实行为建立联系,促使自己每天为这个目标付出一点行为,坚持努力。

延长专注提升策略

我目前维持注意比较困难的任务是：			
在这个任务上，我大概能维持注意的时间是：			
影响我维持专注的困扰主要是：			
策略	具体内容	练习情况	练习感受
分割任务	将任务分割成自己能坚持的时间长度		
抵抗干扰	根据干扰自己的因素，采取抗环境干扰和抗社交干扰策略		
请求督促	与家长商量，选择自己喜欢且有效的督促方式		
激励机制	"先"完成枯燥的任务，"后"享受有趣的活动		
我的目标我坚持			
我的长期目标/愿望	每天需要付出的行为/努力		
买豪华三层猫爬架	半年不喝奶茶（一周最多喝一杯）		
能够自己画插图	练习画画（每周一幅简笔，每月一幅作品）		

第六节　时　间　管　理

时间管理是一个很复杂的、高级的能力,包括了时间知觉,估计任务耗时,估算可用时间,合理安排时间,以及在截止日期/时间内及时完成任务的一系列能力,同时还涉及时间紧迫感。具备恰当的时间紧迫感,可以帮助你调整好学习和工作节奏,有条不紊地完成任务,不至于总是陷入前面闲得慌,后面很抓狂的状态。

1. 成分意义

通常来说,如果我们只用面对一件事情,比如作业,那么大多数人时间管理还是够用的。青少年通常都能够在最后期限前完成家庭作业,只不过完成的方法有所不同。例如假期作业,有人会将作业分散在每天完成,即便开学前也不慌不忙;有人会觉得假期还长,一拖再拖,最后开学前哭着喊着熬夜赶作业。虽然最终开学那天,大家都把作业交了,但不同时间安排的人,其作业节奏及伴随的心情感受,是大相径庭的。

现代社会还有个问题就是,丰富的生活使得我们不能只面对一件事。青少年不仅需要在学业上投入大量时间,与此同时可能还要培养一些兴趣爱好,参与体育活动,更不愿错过社交和其他娱乐休闲活动。一天只有 24 个小时,保证睡眠后,诀窍就是如何将剩下的时间合理分配在不同的事情上。

时间管理的一系列能力是从小就开始浮现的,大家还有关于时间的第一个印象吗? 一般始于认钟,知道现在是几点。接着学会计算时间间隔,如9点到10点是1个小时,一开始仅仅是停留在数学计算层面,随着越来越多的计算,慢慢我们就拥有了时间知觉,1分钟是多久,30分钟是多久。

青少年期,我们应该很好地掌握了上面这几项关于时间的技能。这时候,接下来的两个技能就很关键了,一个是估计某件事需要多久,另一个是估算我们可用的时间有多久。很多时候,不仅青少年,哪怕成年人也会在这两个技能上掉链子。

比如要撰写一篇作文或论文,实际上,自己需要3个小时完成,但可能会做出"轻敌"的估计,认为1个小时就能完成。任务截止日期是明天上午,于是心想晚饭后开始写也来得及。然而自己通常在晚饭后习惯去遛狗、倒垃圾,回家再看会儿手机,进入写作状态已是晚上8点多了,而恰好今天有喜欢的比赛直播,不想错过,看完就10点多了。错误估计了自己可用来写作的时间,加上前面错误估计写作需要的时间,等完成已经是凌晨1—2点,身体很疲惫,心情也很烦躁。

估计时间能力发展扎实的话,进一步就能发展出对复杂任务的时间规划和完成任务时的紧迫感,从而提高效率。我们在这方面容易出现的失误是,对需要完成的困难任务,只规划不实施,感受时间偏多。而对娱乐休闲活动,不规划却实施,感受时间偏少。

还是上面写作的例子。可能会规划下午2—5点完成任务,于是上午认为"计划了下午写作,上午就好好放松",于是上午整体玩过去了,到了下午2点开始写作,一会儿后,可能觉得"快累死了,写太久了,放松一下吧"。这时可能只写了30分钟,但感觉像写了3个小时似的。计划放松20分钟,结果唰的一下2个小时过去了。

有人不喜欢规划时间,觉得生活太刻板不自由,然而过分随意自由的生活,可能导致每次截止时间到达时都火烧火燎,追赶得精疲力竭,然而平时逍遥过去的时间,也并不清楚究竟做了些什么。因此,建议我们跑在时间前面,规划好,牵着时间走。

2. 策略技巧

时间工具:"工欲善其事,必先利其器。"我们要先准备好帮助自己训练时间管理能力的道具。首先是看时间的工具,鼓励使用手表和时钟,避免使用手机。因为每次本着"看看几点"的意图拿起手机时,很难只是看看几点,很可能就顺手开始玩手机了。此外,一些智能设备可以播报语音,以及设置闹钟,也是不错的选择。

除此之外,还有一些时间道具,例如记录自己能坚持写作多久,或者倒计时鼓励自己坚持写作 20 分钟。一般推荐定时器,沙漏也可以。定时器的优势在于可以顺计时也可以倒计时。无论定时器还是沙漏,都可以选择自己喜欢的样式,从而促进自己使用。如果特别喜欢,那么就先玩够,从而避免在完成任务时,想玩定时器而被干扰。

估算时间:平时我们计划去一个陌生的地方,如何安排出发时间?我们会通过一些交通软件查询路上需要的时间,将到达时间减去路途时间,再根据对准时到达的要求,安排 10—30 分钟的预留时间,从而得出出发时间,对吧?问题是,软件是如何知道路途时间的?因为统计了很多次这条路况的时间,从而得到了比较精准的估计。

同样的道理,如果我们希望了解自己做某件事需要的时间,就跟知道某段路程需要花费的时间一样,那么也需要多次的记录。记录的次数越多,估算的时间越精准。建议落笔为实,这样才不容易忘记。比如,之前每一次写作不同类型的文章,需要花费多久,我都有记录。因此现在,我对于自己,撰写一篇公众号的科普文章,一篇中文论文,一篇英文论文,分别需要多少时间,都了然于心。这时候遇到不同的写作任务,我应该给自己如何安排出时间档,就比较方便了。既不会时间仓促得捉襟见肘,也不会时间宽松得过于浪费。

日程规划：在计划能力训练时,我们学会将一个大目标分解成很多小步骤。我们可能同时有好几个不同的目标,于是在一天的日子里,就可能要求我们几个不同目标的小步骤都要完成。这时候就需要合理地规划一天。

上学日放学后自由时间相对比较少,规划起来容易一些,可以先用来练习。慢慢地,周末和假期这种有长时间的自由的日子,也可以用来练习时间管理。自己能够做好时间管理,大人自然也就放心不再给你事无巨细地安排妥当,反而更有自由的感觉。

规划一天日程的时候,根据既往的经验把一些生活常规事务空出来,包括上学、路上、吃饭、作业、洗漱,以及社交聊天等,剩下的时间将计划要做的、与实现目标有关的事情填进去。如果感觉时间不够,那么就需要调整分配,比如适当压缩聊天和纯娱乐的时间。

我知道现在手机上有一些软件可以用来做日程规划,但并不鼓励。还是鼓励大家用纸笔来设计日程。尤其是长假的日程,建议贴出来,且完成一项划掉一项,特别有成就感。

3. 游戏任务

专注森林：如果你希望自己专心学习时，不因玩手机分心，那么可以试试"Forest"这个APP。设置好自己想专心做事的时间间隔，如30分钟，这段时间坚持不解锁手机，就能种出一棵树来，慢慢积累，就能种出一片自己的专注森林。

睡眠小镇：如果希望自己晚上能按时睡觉，不因玩手机爱不释手拖过时间的话，那么可以试试"SleepTown"这个APP。在既定的时间内，如晚上10点到次日6点，只要能坚持不动手机，就能盖出一个房子来。假以时日，就能建出属于自己的小镇。

4. 训练作业

时间估计：挑选一些当前经常需要完成的任务，记录需要的时间。1—2周后，练习在任务前，根据任务的难度和自己的状态，估计所需要的时间，然后记录真实需要的时间。倘若估计准确，给自己一个小奖赏。

日程规划：一般来说，前一天规划次日的日程安排，以小时为单位。中午，回顾上午日程的完成情况，已完成的打钩，未完成的微调安排到下午和晚上的时间。晚上，回顾今天的时间管理情况，继续规划次日的日程安排。

任务时间估计单

任务：	记录所需时间		
第1次			
第2次			
第3次			
第4次			
第5次			
第6次			
第7次			
任务：	估计所需时间	记录所需时间	相差多少？
第1次			
第2次			
第3次			
第4次			
第5次			
第6次			
第7次			

日程规划单

时间		安 排 事 项	是否完成	备注
上午	晨起	浏览一遍今天的时间安排,心中有数		
	8点			
	9点			
	10点			
	11点			
	12点			
下午	13点	回顾上午的日程完成情况,按需要微调		
	14点			
	15点			
	16点			
	17点			
晚上	18点			
	19点			
	20点			
	21点			
	睡前	回顾当日时间管理情况,规划次日日程		

第七节 情绪调节

顾名思义,就是调整、调节、管理、控制情绪的能力,俗话说:"情绪上来了,智商就下去了。"因此,调节好情绪,从而更好地指导行为,执行任务,实现目标。

1. 成分意义

首先,情绪是很重要的,因为有情绪,所以能感知到生活的乐趣,享受挑战的成就。我们都希望日子过得无忧无虑,开心自在,然而就跟天气有阴晴雨雪一样,心情除了开心、自在、快乐、轻松等美好的情况,也会有不那么美好的情况。回想下最近的生活,你的生活中,不那么美好的情绪有哪些?

如果你只能回忆起来"不开心"或者"生气"的话,那么就需要当心了。因为即便是不美好的情绪,也分很多种,我们区分得越细,就越能体会生活的酸甜苦辣,而不至于笼统地都处理为愤怒。问题就在于,如果我们不花心思去区分不同的情绪,就很容易都体验为愤怒。

举个例子。你兴致勃勃地邀请好朋友和你一起去看演唱会,结果对方说,已经答应另一个人这天去看花样滑冰表演。你感到很生气,觉得对方背叛了你们的友谊。你可能直接就指责她的背叛,也可能与她冷战表达你的不满。无论哪种方式,实际上你都很受伤也很累。然而仔细想想,除了生气,还有哪种情绪?自己的好朋友,没有选择自己,反而选择了别人,可能有一种失落甚至自卑,自己不如人？所以才被抛弃了？可能有点担心甚至恐慌，没人陪我难道一个人去看演唱会？多尴尬啊，那以后呢？我都要一个人了吗？我是要失去这个朋友了吗？

学会识别这些负性情绪之后，再继续学习如何处理这些负性情绪，这会帮助我们生活得更顺畅。虽然作为青少年，经常会被人说成"为赋新词强说愁"，但不可否认，让青少年们苦恼发愁的事情确实很多。可能觉得父母不理解自己还要管自己，没有自由；学习实在太苦了，作业多得看不到头；成绩完全没个准，每次考试都忐忑不安；同学相处也很难，真心没有回报，总有人在背后说风凉话……

如果缺乏良好的情绪调节能力，那么在经受这些考验和磨难时，会显得捉襟见肘。脾气暴躁会损害友谊发展，紧张惶恐会影响考试发挥，抵触烦躁会导致学业拖沓。当你觉得生活像过山车一样大起大落时，这就表明该好好练习情绪调节能力了。

2. 策略技巧

情绪调节能力包括两个主要方面。一方面是良好应对负性情绪，尽可能以合适的方式表达自己的感受，尽可能快地促使情绪恢复平稳，从而做出更有益的决策；另一方面是积极产生正性情绪，这可以帮助大家更少滋生负性情绪，也有更多的能量面对和克服负性感受。

这里介绍三个基础技巧，一个高级技巧，帮助大家日常练习情绪调节的能力。这些策略实际上对成人也是适用的，因此可以邀请家长和自己一起练习。毕竟，总是一起相处的人，大家情绪越稳定，生活越顺畅。

需要嘱咐的是，所有的技巧看上去都平平无奇，不一定如大家想象中的那么神秘,但实际上,日常加以练习,会非常有收效。请注意两个关键词:日常和练习。需要平常心情平静的时候多加练习,才能在心情不好时发挥作用。

基础技巧1:深呼吸。

提到情绪管理就必须要提的技巧,这是黄金技巧!核心技巧!根本技巧!三连感叹强调这个策略的重要性。我一直觉得,想学情绪管理技巧,想提高情商,先练深呼吸。

深呼吸的关键是保持缓慢而悠长的呼吸,用腹部呼吸。

搭配深呼吸可以尝试正念冥想,所谓正念,就是关注当下,避免过分担忧未来,也避免过分忧虑过去。关注当下的呼吸,关注当下身体的感受,通过练习,减少被其他事情分散注意力,被过多杂念闯入,从而协助提升一定的专注力,减少负性情绪干扰。

据我所知,网上可以检索到一些免费提供的正念指导语资源,有的地方也会提供系统的正念冥想课程。愿意的话,可以尝试系统的正念练习,帮助改善情绪。但可能有人会觉得正念冥想比较枯燥,那就无须强求。建议从简单的、短暂的练习开始,避免一开始练习就时间长、难度大,容易导致挫败而想放弃。

我在这里提供一个短暂且简单的冥想指导语,一般2—3分钟即可完成。大家可以自己录下来自我指导,也可以委托朋友或家长录下来。到时候寻找一个安静的角落,可以播放一些舒缓的音乐,然后一边播放录好的指导语,一边尝试冥想。

> 让自己舒服地坐着,姿势舒适而自然,双脚踩实地面,手心向上,双手自然放在腿上或身侧。如果感觉舒适的话,请轻

柔地闭上眼睛。(停顿)

现在,请感受自己的身体作为一个整体,正呼吸着。慢慢地鼻子吸气,进入腹部,腹部慢慢鼓起,慢慢地嘴巴呼气,像吹气球一样,缓慢悠长。再一次,慢慢吸气,慢慢呼气。(停顿)

接下来请把注意力带到头顶上方,感觉自己的小宇宙正笼罩着自己,请感受下自己的小宇宙,是什么颜色?什么大小?什么温度?总之是正好笼罩着你,让你感到舒适和惬意的。(停顿)

现在请让小宇宙,沿着头顶,慢慢笼罩到额头,额头以下的眉毛、眼睛、双侧脸颊、鼻子、嘴和下巴。如果在任何部位感到紧张或不舒服,请把呼吸带到那个部位,让它放松下来,舒展开来。(停顿)

接着温和地将小宇宙继续向下蔓延,笼罩到喉咙、颈部和肩膀,并放松这些部位。感受这些部位,如果有任何的紧张或不适,请将舒适的小宇宙停留在那里,慢慢帮助放松,重新感到舒展。(停顿)

然后继续将小宇宙由上而下轻柔地带到手臂、胸部、腹部、整个背部。如果在某些部位有紧绷感,可以在吸气时温和地把觉知带到那些部位,在呼吸中舒缓下来。吸气时好像带着关爱让气息进入这个不舒服的部位。呼气时把这里的紧绷难过,开放地微微地透过呼气松开来。(停顿)

接下来,让注意力随着小宇宙轻柔地扫过髋部、大腿、小

> 腿,一直到脚踝、脚底和脚趾。感受这些部位,如果有某处感到紧张不适,就请温和地将呼吸带到那个部位。吸气时带着关怀和轻松笼罩这个部位,呼气时将紧绷不适慢慢消散开来。(停顿)
>
> 最后,从头到脚迅速地跟着小宇宙笼罩全身,让自己沐浴在舒适的呼吸中,感受身心的连接,坦然面对和接纳任何身心感受。请感谢一下自己抽出时间来做练习,让自己获得片刻放松。

基础技巧 2:合适表达。

学会用言语把情绪表达出来,就会降低用行为演出来的概率。鼓励用"我"语句表达情绪,观察自己的想法、情绪和身体感觉,用语言客观描述。"我感到(什么情绪),因为(什么事情),我希望(对方的做法)",这比"你(做了什么)让我感受(什么),你(应该做什么)"要合适得多。

例如"我感到很丧气,明明努力学了但就是考得很差,这时你说我不努力不上进,我很委屈,我想静一静,躺一会儿,希望你能先不教训我",这比"你凭什么说我不努力不上进,你不要管我,你出去,我不想看到你"更少引起争执和双方的不悦。

表达情绪有一个前提是,能够较好地识别情绪以及程度。说实话,这一点,不要默认自己能做得很好,因为很多大人也未必能很好地区分各种细微的情绪,仍然需要加强练习。情绪区分越细,情绪自我管理的基础越好。

基础技巧 3：愉悦清单。

愉悦清单也称放松清单，需要事先设定好，关键时刻才能启动清单上的事情帮助自己调整情绪。清单上的事情尽可能满足以下三个要点：(1) 有建设性，包括运动、艺术文化类兴趣爱好。为什么呢？因为有研究提示，上述有建设性的兴趣爱好可以提高青少年的生活幸福感和健康状态感受。反之，非建设性的活动，如沉迷电子产品，是饮鸩止渴，甚至会加重负性情绪感受。(2) 有自己单独就能从事的选项，可以是一些团体活动，如与朋友聚会聊天、球类运动、团体活动等，但也要有一些自己单独就能做的事情，否则一旦他人不能配合，就不能顺利启动了。(3) 有操作简便的选项，即不需要太多时间准备，不需要耗费太多精力和金钱就能实现的项目。反之，像旅游，确实是个好的愉悦放松活动，但涉及时间和费用，启用难度比较大。

高级技巧：调整认知。

这个很难，但却是调整情绪的关键和根本。

需要注意的是，可以尝试一下，能练习到什么程度都是收获，避免苛求自己。毕竟下意识对事情的看法，是电光火石之间的，受先天和后天的影响。所谓"江山易改，本性难移"，可见这不是短时间可以达成的事情。但抓住那些下意识的负性认知并去挑战和调整，会带来长期更平和的情绪状态。如果需要的话，可以尝试寻求专门的系统认知治疗来获得帮助。

情绪管理方面使用的调整认知，可以通过"情绪五栏表"来达成。五栏的内容分别是事件、想法、情绪、行为和反思。

(1) 事件。定义这个事件，即客观描述出来，目前面对的具体是什么事情？

（2）想法。对于这件事，产生的想法是什么？

注意区分事实和想法。如好朋友不陪我参加模型比赛但陪另一个同学参加游泳队，这是事实。觉得好朋友背叛我，这是想法。

面对同一件事可以产生不同的想法，经典的半杯水的例子我就不赘述了。所以请尝试询问"有没有其他的可能性？"针对这件事，认为好朋友背叛我，这是一种想法，但也可以有其他的想法，比如好朋友有其他的特殊原因，所以去参加游泳队了，并非不在乎和我的友谊。

（3）情绪。体会不同想法会带来不同的情绪体验。如果觉得朋友背叛自己，会感到生气和难过；如果觉得朋友在乎自己，但有别的特殊原因，这次选择陪伴另一个同学，则不会那么生气和难过。

（4）行为。不同的想法和情绪会促使自己产生不同的行为，可能会发脾气、指责、报复；也可能会平静、期待、沟通。

（5）反思。思考自己的行为是否能达到自己的目标。比如这个例子中，我明显是在乎和好朋友之间的友谊，那么我的目标是维持这份友谊。

如果按照想法"朋友背叛我"而产生情绪"生气"，进而选择"发脾气指责和报复"的行为，可能结果是失去这个朋友，友谊的小船说翻就翻，这和自己的初衷背道而驰。

那么就需要尝试挑战自己的想法，产生新的想法如"朋友有特殊原因"，感受新的情绪"略微失望和担心"，采取新的行为"平静询问原因,表达自己的心情和期望",可能得到的结果是朋友解释了原因,表达了对自己的在乎,于是感到欣慰和放心,开开心心地继续做好朋友。

挑战认知很难,因为这是我们下意识的、习惯的、信以为真的想法。这时我们可以借助一些良言金句的力量,比如写在喜欢的贴纸上,贴在醒目的位置,从而提醒我们。比如有段时间,我房门贴着的海报是吾皇名言"遇事冷静,脸小三分"(来自白茶的作品)。这句话有没有道理无所谓,反正为了脸小也提醒自己保持冷静。

分享几个可能有帮助的观点。

已经在坑里了,那就停止挖坑。可以有情绪但别总被情绪控制。有情绪很正常,有负性情绪也很正常,但我们需要避免一直被负性情绪控制。这时可以做点别的事情分散注意力,或者换个积极的想法调整情绪。负性情绪就像一个坑,已经掉在坑里了,还在不断挖坑,岂不是越来越泥足深陷?

需要努力,但不强求。生活中有不如意的事情发生,这太正常不过了。即便我们付出了努力,事情也未必一定如愿。当事情不按自己想法发展时,学会安慰自己,安抚自己,鼓励自己。

可以要求自己,避免苛求别人。很多时候,我们总觉得别人不理解自己,别人委屈了自己,别人背叛了自己,等等,而引发很多负性情绪。实际上,我们能控制的,只是自己的行为,其他人,并不受我们控制,哪怕是父母和好朋友。我们可以通过良好沟通,努力付出来尽力维持想要的关系,但对方会怎么想怎么做,则做好接纳的准备。

选择对自己有助的想法和行为。有时候,我们会因为赌气而故意选择一些伤害对方,最终可能伤害双方关系,甚至可能伤害自己的做法。这时候,要停下来问问自己,究竟想要什么。当自己这么做的时候,真的有助于自己达到目标吗?如果答案是否定的,那么这么做意义何在?何不把我们的时间和精力放在对自己有帮助的想法和行为上。

3. 游戏任务

对方的心思我就要猜:与父母或朋友,就电影或电视中某个情节片段,尝试去揣摩对方的内心潜台词,感受对方的心情,为什么会有这种心情,为什么会有这样的举动?如果是你,会否有别的想法和做法?

情绪调节之良言金句:找到自己喜欢的帮助情绪调节的句子,写在贴纸上,或者打印成海报,也可以制作成手机壳、抱枕、鼠标垫、马克杯等,随时都可以看到的地方,潜移默化地提醒自己。

4. 训练作业

深呼吸冥想:循序渐进,从短到长,或者化整为零。比如每次练习 2—3 分钟,每天练习 3—5 次。

愉悦清单:邀请全家人填写自己的愉悦清单,比如父亲的、母亲的、自己的。相互分享,也可借鉴彼此好的愉悦点子。在某一个人心情不好时,其他人可以提醒"选个愉悦清单上的某个项目做做"。

情绪五栏表:近期遭遇负性情绪时,记录在情绪五栏表。寻找引发负性情绪事件背后的想法,重点在于,挑战这个想法,并感受不同想法带来的不同情绪。需要反思,自己选择的想法会影响自己的心情,而心情会决定我们的行为,而行为又会导致不同的结果。选择对自己有益的结果,就需要选择有益的想法和行动。

愉 悦 清 单

＿＿＿＿的愉悦清单		
只有 5—10 分钟	有 1—2 个小时	有半天到整天时间

＿＿＿＿的愉悦清单		
只有 5—10 分钟	有 1—2 个小时	有半天到整天时间

＿＿＿＿的愉悦清单		
只有 5—10 分钟	有 1—2 个小时	有半天到整天时间

情 绪 五 栏 表

定义事件	想法是什么	情绪是什么	产生的行为	反思结局
例子：好朋友和别人组队游泳，不陪我参加比赛	对方不当我是朋友，背叛我	生气，难过	不理他，故意冷落他	真的就失去了这个朋友
例子：好朋友和别人组队游泳，不陪我参加比赛	可能他不清楚我很在乎比赛，可能他更喜欢游泳	有些失望，担心	沟通询问具体是哪种情况，表达自己的愿望	对方愿意放弃游泳而陪我比赛，感谢支持

定义事件：目前面对的具体是什么客观事情？

想法是什么：区分事实和想法，面对同一件事可以产生不同的想法。

情绪是什么：不同的想法会带来不同的情绪体验。

产生的行为：不同的想法和情绪会促使自己产生不同的行为。

反思结局：自己的行为是否能达到自己的目标，有无更合适的做法。

第八节　灵活适应

灵活性,也叫心理弹性,是指在出现障碍和挫折,或者获得新信息时,总之在环境或条件发生变化时,调整和修订计划的能力。俗话说,"识时务者为俊杰",灵活的人能够随机应变,不至于钻牛角尖,不会因为受挫而被失望或愤怒打倒,而是会开辟新思路,思考解决问题,从而对环境适应得更得心应手,故称之为灵活适应能力。

1. 成分意义

大家想想看小婴儿,一旦有需求,比如渴了、饿了、困了、尿不湿脏了,就会用最直言不讳的形式,如哭喊让大人明白,而大人也会尽力满足婴儿的需求。随着婴儿慢慢长大,需求越来越复杂,逐渐需要明白的一个道理就是,并非每个自己的需求都能得到别人的满足,自己也需要反过来适应环境的需求,满足他人的需求。

现在大家在青少年时期,应该对此更有感触,我们每天的事情、接触的人和物、进行的活动,尽管有一定的规律,但同时也充满了变数。比如,可能通知今天的美术课临时改成数学课,可能上学后发现同桌转学了,可能今天父母出差因此祖父母接自己去他们家过夜等。大人,也包括你自己,都期望能灵活地适应各种变化,甚至能适应变化反而变成了常规。

除此之外,日常生活中各种与我们预料不一样的事情,即不如愿、不顺利的事情,也需要我们及时调整心态和预期,避免出现过于强烈的情绪和行为反应,这时候也在考验着灵活适应能力。

如果你发现自己很喜欢循规蹈矩,坚持同样的模式,或者经常在有改变或意料之外事情发生时,感到手足无措,烦躁不安,甚至可能用发脾气来表示不满和抗议,以及可能对模棱两可不确定的情况难以容忍,或者一旦自己头脑中设定的计划安排没有如期发生,就会感到情绪爆炸,以上种种,可能说明你需要训练自己的灵活适应能力。

2. 策略技巧

虽然最终的目标是增加自己对于环境变化或事情不按预期发展的耐受和适应能力,但是我们仍然可以想一些办法,先降低这些变化对自己情绪所带来的影响。

提前预期。尽可能提前预期接下来会发生什么,尤其对于可能不符合自己期望的事情,提前做好准备。比如明天有一场比赛,自己做好了充足的准备,也希望能够打赢比赛。但是也要提前做好心理准备,万一自己发挥失误,或者队友发挥失误,甚至可能裁判误判,导致输掉比赛,自己针对不同的情况,可以如何处理。

应对剧本。对于意料之外的事情,尤其是以前没有碰到过的,尽可能提前做好应对模板,并且进行演练。继续上面的例子,如果裁判误判将自己罚下场,那么需要保持平静地离开场地,向教练说明情况,等待教练与裁判沟通,如果感到非常不公或委屈的,那么可以暂时离开比赛场地,在过道里来回跑一会儿,或者找到观众席的父母,抱怨自己的遭遇。记住,演练很重要。很多时候,我们即便知道该怎么做,但事到临头却很难做到。因此,像演员一样,真切地演出来。这能帮助我们在事情的当下,按照剧本去应对。

预留空档。我们在训练计划能力和时间管理时,通常都是建议提前做好规划安排,现在,依然鼓励尽可能保持日程规划。与此同时,尝试增加一些灵活性。例如,与其规划某项活动(如和朋友在餐厅碰面)将在下午 5 点进行,不如安排一个时间范围,如下午 4 点 50 到 5 点 10 分。这样万一谁有事晚到了,或者你俩想先去买个手账本再去餐厅吃饭,都不至于破坏原本的日程安排,从而导致自己心神不宁。当然,在预约时间这件事上,尤其是上课、考试、就医等事情,还是鼓励大家尽可能提前 10—15 分钟到达约定地点。

情绪调节。所有情绪调节相关的技能,在这里同样能发挥作用。当出现变化或事情发展不如愿而心烦意乱时,深呼吸可以帮助平复情绪。"我"语句可以帮助沟通协商。如果可以的话,启动愉悦清单,分散自己的注意力。同样,也可以通过调整认知的方式,比如"比赛输了,不代表我这个人输了,下次还有机会""裁判也是人,也会犯错误,很遗憾这次他错判了,只是我运气不好,并不是故意针对我",从而调整自己的感受。

3. 游戏任务

视错觉图:网上有很多现成的视错觉图,最经典是那个"鸭子还是兔子",即从一个角度看,是鸭子;从另一个角度看,则是兔子。如果家里有《培养注意力的心理学》这本书的话,翻到第 233 页,有一幅图,乍一看就是花瓶和鲜花、苹果,但如果把花束看作头发,花瓶看作鼻子,整幅画就构成了一张人脸。看这类图片时,可以练习自己在不同视觉认知里切换的能力。

不同序列:你可以自己,或者让别人,在纸上随机写下两种序列的内容,比如写下 1、2、3……11、12,同时写下 A、B、C……K、L、注意数字和字母随机分布在纸上,然后按照两个序列不断切换的方式进行连线,也就是1—A,2—B,3—C……11—K,12—L,以此类推。你也可以试试数字和唐诗的顺序切换,比如1—会,2—当,3—凌,4—绝,5—顶,或者字母和宋词的顺序切换,比如A——一,B—樽,C—还,D—酹,E—江,F—月。

4. 训练作业

灵活适应提升策略:练习有助于提升灵活适应能力的策略,包括提前预期、应对剧本和预留空档,记录下来练习情况和感受,并且继续练习情绪调节的策略技巧。

沟通方式改善目标:将自己希望达成的沟通方式写下来,也可以提出希望大人改善的沟通习惯,全家人一起打卡练习,相互督促做到,坚持不懈以成为良好的沟通习惯。

灵活适应提升策略

策略	具 体 内 容	练习情况	练习感受
提前预期	最近即将面临什么事情： 预期可能发生什么情况：		
应对剧本	届时做些什么： 具体说些什么： 找谁陪伴演练：		
预留空档	近期约好的事情和时间： 自己需要提前多久到达： 近期约好的事情和时间： 可以前后放宽多少时间：		
情绪调节	深呼吸，"我"语句 愉悦清单，调整认知		

沟通方式改善目标	
我自己希望改善的沟通方式	我希望家长改善的沟通方式
平静说话，避免着急生气	就事论事，避免讽刺挖苦
音量低，不大吼大叫	三遍以内，避免重复唠叨

第九节　组 织 条 理

组织条理是指按照一定的规律和系统安置物品以及完成事情的能力。对于大多数人来说，具备良好组织条理性的好处是显而易见的。当我们对自己需要的物品放置地点了如指掌时，需要什么时只需花费很少的时间和精力就能够找到相应的物品，从而既节省了找东西的时间，也防止找东西干扰了主线任务的完成速度。

1. 成分意义

大家可以回想一下最近一次疯狂找东西的经历，比如临出门发现不知道钥匙放在哪儿，眼瞅着快迟到了，可就是因为找不到钥匙而没法按时出门，着急得焦头烂额。又比如写作业时需要一个练习册，翻遍了书包找不到，于是一遍又一遍地翻，后来在书包里翻到一个小徽章，开始把玩，完全忘了找练习册写作业的事情，等好不容易想起来，因为时间消磨殆尽，始终找不到练习册，心急如焚。

我们在计划排序、时间管理部分就提到过，如果这些方面技能不足的话，很可能在安排任务时对时间缺乏有效的估计，导致濒临截止时间而任务却完不成，这时候，如果因为找不到关键材料，比如书籍、本子、尺子、笔等而进一步耽误时间的话，那么着急的心情就会火上浇油。

如果你平时经常询问别人"你看到我的……放在哪儿了吗"或者自己嘀咕"我把……放在哪儿了呢"，那么意味着，自我训练组织条理策略,对你非常重要。

2. 策略技巧

具备组织条理性的当务之急是学会建立自己的分类系统。

分类系统：现在可以环顾一下自己的房间,思考下这个房间里的东西可以大体上分成哪几个类别,不同类别的东西尽可能保持在同一个空间里。分类系统既要容易区别,避免混为一谈,同时又要避免过于细致复杂,因为这样会导致耗时过久,不易操作。

不同类别的东西,一般有对应的空间容纳体系。比如衣服在衣柜,书籍在书架,作业在书桌,兴趣爱好在储物柜等。

分类体系还有层级之分,比如衣服这个大类里,又可以分为大件衣服、内衣袜子、运动衣物、帽子围巾等,同样,各自有对应的空间位置。比如大件衣服按不同季节放在不同抽屉里,内衣袜子放在专门的小格子里,运动服和道具都放在衣柜底部的运动包里,而帽子围巾挂在衣架最内侧挂钩上。同样,书桌及其抽屉、储物柜等,也是这样按层次分类。养成这种层次分类的习惯,会让我们受益良多。

通常来说,青少年自己的房间应该可以自己做主,但这并非绝对。我们需要先证实自己具备独立自主管理空间的能力,然后才能要求大人给予我们自主管理权限。如果我们自己的分类体系,和父母的习惯不一样,那么我们可以提出按照自己的体系放置和管理。只有体现出自己具备管理好空间的组织条理性,才有底气继续跟父母提下一步的要求:"房间是我的私人空间,请不要轻易挪动我的个人物品。"如果空间一团乱麻的话,那么就不得不让家长介入整理体系,我想这是大家不愿意看到的,因此希望大家积极主动地将个人空间维护得整齐有序。

标签系统：使用标签帮助自己更好地管理不同空间的物品类别。有时候可能前一秒想着"这个抽屉里放数码相关的产品"，下一秒可能就会因为"这个空档正好可以塞进手里的胶带"而破坏了分类体系。久而久之，下次寻找或放置物品，就会缺乏头绪。选择一些个人喜欢的标签纸，贴在柜门或抽屉上，提醒自己这个空间对应的物品类别。

整理步骤：很多时候，大家会把整理工作想得太简单，认为只是"收拾"一下，看上去显得整洁、不乱就可以了。实际上，缺乏分类体系的整理，都是很难维持下去的。不少人就会出现，脏乱差到忍不了，就大动干戈收拾一遍，然而不出三五天，又打回原形。

所以在整理之前，一定建立好分类体系。整理的时候，一般按照以下步骤：（1）找到一片空旷的地方，把准备整理的某个空间的物品都放置在该空旷区域。比如整理书桌，就将桌上和抽屉里的东西都放在地板上。（2）先将待整理的物品按照是否需要保留区分，将不需要的物品扔进垃圾桶。（3）在抽屉或柜门上贴好不同分类的标签。（4）将物品对应放入各自类别的空间里，这一步需要有仪式感，避免顺手等原因而随意放入不对应的空间中。（5）整理结束后可以拍照，一方面是告诉自己整理好之后具备组织条理性很赏心悦目，另一方面有利于自己回忆和寻找相应的物品。

临时空间：可以预留一个抽屉，或者一个收纳箱，作为临时空间。新拿到的物品，或者刚拿出来用的物品，暂时不想麻烦地放到对应的位置，那么可以"顺手"扔进这个临时空间里。但是！临时空间必须在固定的时间进行整理，最好贴上整理的时间，比如每周五晚上 8 点。

固定位置：自己的重要物品，专门有固定放置的位置。一般建议钥匙（门禁卡）、眼镜、手机、蓝牙耳机、身份证等，需要有专属位置。比如钥匙、身份证、门禁卡和耳机可以放在专门的托盘中，手机和眼镜有专门的支架可以放置，可以选择自己喜欢的置物道具，从而促进自己对这些重要物品的收纳具备仪式感。绝对不要以任何原因将它们放在固定位置之外的地方。请拜托家长督促你努力巩固这个习惯，假如看见这些东西被乱放了，就提醒你放回原位，你需要在被提醒时避免不耐烦或生气。

3. 游戏任务

DIY 小屋：这个玩具根据复杂程度会有不同数量的材料包，比如小型的单个房间可能有 A、B、C 三个材料包。根据指导手册拼搭小屋时，每次需要从材料包中找到对应的材料，比如从 A 中找到两块木板，B 中找到一颗珠子，C 中找到一截布料，然后制作成一个小凳子。在寻找材料的过程中，比如在 A 中找到需要的木板后，就要把其他不需要的材料重新放回 A 袋子里，如果随手乱放，下一个步骤，当手册指导你去 A 包里找某样东西时，就很可能找不到了。

除了训练将琳琅满目的小物件各归其位的组织条理性之外，这个 DIY 手工游戏还能训练大家的手部精细协调性，按照步骤有序完成任务的能力，以及保持耐心和专注。最后大功告成时，精致袖珍的小屋子摆在眼前，美观小巧又可爱别致，多有成就感。

食玩：这个游戏也是按照指导手册的流程，有序地放置一件件材料,最终可以完成一个超级迷你的袖珍食物,比如指甲盖大小的汉堡。不仅看上去小巧玲珑,令人不由感叹自己的心灵手巧,关键是大功告成之后还能一口吃掉,锻炼能力之余,既饱眼福,也饱口福,何乐而不为?

4. 训练作业

分类整理清单:选择自己房间的某个空间,比如衣柜、书桌、储物柜等,按照整理计划清单上的步骤,一步步完成分类整理。争取每周能整理好一个空间,整理前和整理后,可以分别拍照,对比下整理效果。

重要物品放置:思考一下,平时常用的、必备的随身物品,即重要物品有哪些?将它们写下来,然后将它们固定放置的位置写下来。接下来,请家人帮忙督促自己,努力养成重要物品只能放在其对应固定位置的习惯。

分类整理清单

选择整理空间：_____
计划整理时间：_____
计划整理成功后可获得的奖赏：_____

整 理 步 骤	是否完成
1. 整理之前，拍照	
2. 确定一片空旷空间，将待整理区的物品都放置在该空旷处	
3. 将物品按是否需要保留分开，扔掉不需要的物品	
4. 建立好分类体系，用标签纸做好标注贴在抽屉或柜门上	
5. 按照设定的分类系统，将物品放入该空间对应的位置	
6. 整理完毕，拍照	

临时空间位置：_____
临时空间整理时间：_____

重要物品放置	
重 要 物 品	放 置 位 置

第十节 反省认知

反省认知是指能够以一种鸟瞰的状态观察自己的能力。当我们具备这项技能时，就能更好地了解自己目前所处的状况，汇总周边的各种所需要的信息，明白需要什么，该如何进行决策，以及在执行过程中，评价和监控自己的行为，即知道"我现在进行得如何"。并且，可以在事情结束后，能够评估自己这次的表现，从而决定将来是继续原来的方法还是选择不同的方式。

1. 成分意义

反省认知这种技能，是让我们吸取经验来帮助当下产生更好行为的关键，所谓"心知肚明""了若指掌"，就是反省认知在起作用。缺乏这种技能的时候，很容易摔倒了，都不知道为什么摔倒。

比如，小静与自己的好朋友发生了争执，双方都闹了些小情绪，小静觉得自己珍视的好朋友没能理解自己，很失望、难过，于是在社交平台上发布了一些酸溜溜的讽刺对方的话，表达自己的不满，然而这样做却只能让友谊的小船翻得更加彻底。

又比如，小专竞选班干部落选，同学对他的反馈是，对班级事务缺乏主动性。小专很失望，老师鼓励他下学期再接再厉。然而，平常课后，当老师没有指派具体任务时，小专会跟同学谈天说地，或者自己偷偷看手机，而不是利用这个时间尝试关心一下教室里是否有什么事情需要帮忙完成。

在我们还小的时候，通常需要通过犯错，或者通过外人的提示帮助,来调整我们的行为。比如拼图拼不出来,那么就知道这几个尝试的拼图块是错的,要更换新的试试看。又比如老师告诉我们,垃圾要扔进垃圾桶里,我们就不会把垃圾随手扔在课桌边上。这些还不是真正的反省认知,因为这时候还不能退后一步,从而审视自己,观察自己,判断自己。然而进入青春期后,青少年应该开始学会提前思考自己的行动,通过预测结果来调整自己即将产生的行为,或者提前思考几个解决方案,通过预判每个方案的结局,来选择最优的那一个。随着逐渐长大,青少年应该还能比较客观地自我评价在学业、体育活动和人际交往中的表现,从而做出调整。

只有具备自我审视的反省认知能力,我们才能不断地积累经验,从而获益。缺乏反省认知的时候,就好比游戏中不能积累经验值的角色,那就无法完成升级。如果你身边的大人经常会对你说:"你这样做会导致……,你怎么就不知道呢?"那么意味着你可能需要抓紧训练反省认知能力。

2. 策略技巧

我们需要找到一些帮助判断自己表现如何的标准,从而更好地审视反省自己的行为。避免总是依靠"我觉得我做得挺好的啊",而是像批改作业一样,按照一定的"标准"答案去核对自己的行为表现,是否让自己满意,是否让他人满意。

业绩标准:这个适合完成客观任务时。比如最常见的,我们通常认为考试分数就是对学习表现的评判标准。但是鼓励大家尽可能采取更具体的观察和评价方式,且更多针对行为进行评价,而非结果。例如成绩只是结果,而做作业则是行为。因此,可以将"晚上9点前完成所有学校作业",或者"本月完成两本练习册"作为"自觉学习"的业绩标准。

建议青少年可以主动和父母或老师交流，询问大人眼中的业绩标准。比如"我希望在……方面做得更好，请问您建议有什么具体的事情我可以改善吗？"毕竟"不识庐山真面目，只缘身在此山中。"有时候我们很难鸟瞰自己的行为，旁观者反而看得更清。

例如，我的朋友曾经因为英语考试时间临近，感到紧张担忧，就问我："我希望这次英语考试准备得充分一些，你觉得我现在可以做些什么呢？"我回答他："每天尝试至少完成三套模拟试卷吧。"大家看，"每天至少完成三套模拟试卷"就是"备战英语考试"的业绩标准。

社交线索：有时候，我们需要通过他人的反应，来判断自己的社交表现，这就不像业绩标准那么直白了。他人的肢体语言或语气语调，比如对方远离自己的姿势，不耐烦地敲桌子，翻白眼，抿紧嘴唇，紧皱眉头等，可能都是社交冲突的信号。

我们自己的感受也可以作为社交线索，俗话说，"一个巴掌拍不响"，通常当自己感到被攻击、被伤害时，很有可能也会产生攻击和伤害对方的行动而不自知。可能的话，在自己和特别亲密的人交流时，如父母或者亲密的好友，可以问问他们，自己刚才的言行，给他们什么样的感受。有时候你会发现，你给对方带来的感受，和你真正的意图，可能会有所出入。比如你本意是关心对方，但表达得非常急切和带有压迫感，对方可能觉得在遭受责备。这就意味着，你可能需要调整自己的社交表现，从而使别人的感受和自己的意图保持一致。

3. 游戏任务

拼图：拼图可以说是从小时候就在训练我们反省认知的游戏，如果一个拼图块错误的话，图案就是错误的，我们就需要调整拼图块的位置，从而获得正确的图形。年龄小的时候，大家会通过不断尝试，不断调整，来获得最终的成功。现在，大家可以尝试避免急于放入拼图块去具体尝试，而是提前思考，这个拼图块应该以怎样的规律放置，更容易获得更高的成功率。

烹饪/烘焙：无论中餐的烹饪，还是西餐的烘焙，在整个操作流程中，都需要不断地自我确认"有按照食谱完成吗"。比如打发奶油的过程，不断地观察奶油打发的状态，从而告诉自己"该继续打发"还是"该停下来"。烘焙成品的色香味具体情况如何，都能促使反省操作过程，比如"面团发得不够好"就意味着下次再做时调整自己在发面这一步时"等待更长的时间"。

4. 训练作业

我训练得如何：反省认知的内核就是大家能自我观察和审视自己的完成情况，因此这部分作业交给大家自己设计。请大家回顾一下这段时间自我训练的完成情况，各个成分的策略学习得如何，练习得如何。自己设计一个任务单来反省认知训练情况，可以是开放式的日记，也可以是表格打钩的形式，都可以。欢迎将你们自己设计的任务单发给我（公众号：专静时代 Focalm）。

第八章
寻求帮助

现在是个信息爆炸的年代，大家作为青少年，通过网络可以接触到各式各样的信息，这时候大家就需要训练自己甄别真伪的能力，从而去伪存真。比如，有些青少年心情不好，会担心抑郁了；成绩上不去，担心有多动症；社交相处不太顺畅，担心有孤独症或阿斯伯格综合征，等等。

为什么这几个问题更容易被大家自我扣帽子呢？原因可能是其中一些诊断的表现确实比较日常化，普通人确实也会出现类似的困扰。有些问题可能被某些媒体宣传得带有一些光环效应，比如阿斯伯格被称为"天才病"，抑郁被称为"公主病"，至于它们的初衷是什么，不太清楚。某些诊断也可能成为自己感到挫败的挡箭牌，比如不能随心所欲，感觉不满就说"emo"了；看到枯燥的作业不想写，就说"分心不是我的错"。

当然，如果感觉自己遭遇了一些困扰，单独靠自己的力量难以解决，那么鼓励你及时去寻求帮助，包括就诊咨询。但避免尚未明确诊断，就自己扣帽子。即便被诊断了某个问题，也并不意味着行为和情绪持续表现糟糕有了理由，而只是代表，需要花更多的努力去克服困难。

有些青少年可能在寻求帮助的时候感觉有些迷茫,不知从何开始自助或求助。因此下面就给大家支支招,指指路。

首要任务:自我判断程度如何,是否需要寻求医学帮助。

如果程度不重,却非要去医院就诊,可能既浪费自己的时间和精力,也在这个过程中和家长起争执。如果程度严重,却讳疾忌医不就诊,可能延误治疗和恢复。

如何判断程度呢？教大家三个简单的方法。

第一个,看时间。既包括一天中持续的时间,也包括一周中出现的天数,还包括整体持续的时间。比如情绪问题,如果一天中大部分时间,一周中大部分日子都存在情绪问题,且持续两周以上的时间,那么建议寻求医学帮助。

第二个,看事情。不同的事情感受不一样,还是一视同仁都感受不好。比如情绪问题,如果无论什么事,哪怕以前喜欢的事情也不愿做,即便去做也很难像以前一样感到开心,且持续时间两周以上,那么建议寻求医学帮助。

第三个,看影响。有没有影响食欲和睡眠,作为青少年,对自己的学习、日常生活、社交有没有明显影响。比如情绪不好,持续两周以上,吃不好、睡不好,或者无心学习、无心社交,那么需要寻求医学帮助。

为什么自我判断的方法中没有量表评估？不少青少年还有成人,担心自己出问题时,经常在网上检索自我评估量表,填写后对于其结果深信不疑。实际上,量表是自我系统的观察汇报,其结果仍需专业人员根据其他相关情况综合判断。因此,单独依靠问卷的结果,不足以判断,反而可能徒增担心和烦恼。

求助机构：不同程度的问题，求助不同的机构。

通过上面三种方法，如果判断可能需要医学帮助，那么就寻找医院。通常来说，三级甲等医院都具备心理科，大多数城市也具备精神专科，以及逐渐也开始有一些可靠且高品质的私立医院开设精神心理科。作为青少年，按年龄仍归在儿童范围，可以优先考虑儿童心理科。

如果觉得程度不重，不至于求助医学干预，但又希望通过心理咨询的方式获得一些帮助和疏导，那么目前据我所知，可行的途径包括学校的心理老师，有的城市设置了免费的心理咨询中心，以及专门提供心理咨询服务的机构。

通常流程：不少人就诊心理科的一个误区在于，以为挂号就等于接受心理咨询，甚至可能希望揣着问题进了诊室后，就能立竿见影一身轻松地走出诊室。心理学是比较神奇的科学，但仍然是科学，没有这么神奇。

大多数心理问题，诊疗流程大体步骤是比较类似的：

- 医生询问青少年本人及家长，目前存在的困扰是什么，即就诊原因。需要注意的是，除了询问本人，也会询问家长。青少年尚未成年，就诊时需要监护人陪同及提供需要的信息。
- 完善必要的检查评估，包括心理学评估（可能有问卷、访谈、测试等），也可能包括必要的躯体检查（可能有仪器检查和血液检查）。
- 综合本人和家长的汇报，以及所有的检查报告，医生会给出初步诊断，根据这个诊断，会给出下一步的治疗建议。
- 治疗建议根据问题的种类和程度的不同而不同，一般包括科普宣教,必要时会建议药物干预,根据需要安排针对性的心理干预。

- 不同问题的心理干预流程,在不同的医院,各不一样,预约等待的时间及接受干预的时间都不一样,要根据具体情况具体判断。

无论在哪里就诊咨询,大体步骤基本如此。主要区别可能在于环境和时间的差异。比如专家号相比普通号,人数少,可能就诊时间相对更充裕。私立医院如果采取预约制和限号制,可能排队时间更短,就诊时间更长。

最后,就我个人而言,给各位青少年提供建议的话,我会希望各位在遭遇一些烦恼和困扰时,尝试以下几件事。

- 做一些自己喜欢的、轻松愉悦的事情(不包括使用电子产品,吃太多甜食和买贵重物品),让自己感受好一些。
- 找有益的好友聊一聊。回顾一下以前的经验中对方是否经常给自己带来帮助,比如告诉你"某某在背后说你坏话",并不一定是真的好朋友,因为这并没有帮助,而如果劝你"我们自己努力做得更好",则是给予了你真正的帮助。
- 找信赖的大人聊一聊。如果你觉得父母不能理解自己,那么可以试着找信赖的班级老师,或者学校的心理老师倾诉一下。
- 多读书,读好书。可以和父母一起逛逛书店,挑一些对自己有帮助、有指导意义的书,把书当作良师益友,希望这本书就能成为大家的良师益友。

如果仍然持续觉得困扰,那么跟父母沟通一下,根据自己的需求,看看去寻找怎样的机构获得自己想要的帮助。实际上,无论医生还是心理咨询师,都只是给予方向和支持,真正迈出解决问题步伐的,还是自己。

在此,先感谢各位青少年,为了自己的成长,努力阅读此书,努力练习技能。你们付出的努力,最终一点一滴都会灌溉到自己的人生沃土中,获得绽放的成果。我们总归希望拥有一帆风顺的美好生活,但生活之所以令人回味,就是因为五彩斑斓,充满变数。因此,生活是否一帆风顺并不重要,重要的是,我们让自己具备乘风破浪的能力,无论天晴或阴雨,都能活得别有一番风采。

致胜吧,青少年!

参考资源

Russel A Barkley, Arthur L Robin. Defiant Teens: A Clinician's Manual for Assessment and Family Intervention[M]. Second Edition. The Guilford Press, 2014.

Russel A Barkley. Defiant Children: A Clinician's Manual for Assessment and Parent Training[M]. Third Edition. The Guilford Press, 2013.

Gerald R Patterson, Marion S Forgatch. Parents and Adolescents Living Together[M]. Second Edition. Research Press, 2005.

Gerald R Patterson, Marion S Forgatch. Parents and Adolescents Living Together[M]. Second Edition. Research Press, 2005.

Richard Guare, Peg Dawson, Colin Guare. The "Executive Skills" Program for Helping Teens Reach Their Potential: Smart but Scattered Teens[M]. The Guilford Press, 2012.